Auf den Spuren Jesu

Papst Franziskus

Auf den Spuren Jesu

Impulse & Meditationen eines Pilgers
im Heiligen Land

benno

Bibliografische Information der Deutschen Nationalbibliothek
Die Deutsche Nationalbibliothek verzeichnet diese Publikation in der Deutschen Nationalbibliografie;
detaillierte bibliografische Informationen sind im Internet über http://dnb.d-nb.de abrufbar.

ISBN 978-3-7462-4117-3

Umschlaggestaltung: birqdesign, Berlin
Umschlagfoto: © Stefano Spaziani, © WDG Photo/Shutterstock
Gesamtherstellung: Kontext, Lemsel (A)

Inhaltsverzeichnis

Wirkungen einer Pilgerreise

Pater Bernd Hagenkord SJ

Die Reise von Papst Franziskus ins Heilige Land war eine Pilgerreise. Manchmal hatten wir hier in Jerusalem den Eindruck, das Thema würde sich drehen und das Ganze würde politisch werden, etwa an der Mauer in Bethlehem oder bei der Friedensinitiative mit den Präsidenten. Aber wenn man länger darüber nachdenkt, hat der Papst eigentlich nie den Raum des Geistlichen verlassen. Nur bedeutet das bei ihm immer, dass das Wirkungen hat weit über das Religiöse hinaus. Wir kennen das aus Rom ja auch, wenn er über arme Kirche spricht oder die ausschließende Wirtschaft, die tötet, dann meint er das nicht fromm, sondern will, dass wir aus den geistlichen Einsichten heraus die Welt ändern. Davon haben wir ein wenig gesehen bei dieser Reise.

Der Papst hat sich nicht vereinnahmen lassen. Wir sind durch Bethlehem gefahren, da gab es jede Menge Plakate mit Papst, Präsidenten und Friedenstaube. Ich glaube, die Christen dort waren nicht alle glücklich über diese Vereinnahmung. Der Papst war klug genug, immer auf seinem Gebiet zu bleiben. Er hat die Rechte angesprochen, das Existenzrecht Is-

raels, das Recht Palästinas auf einen eigenen Staat, die Freiheit von Diskriminierung und vor allem von Antisemitismus und so weiter. Aber keiner der Politiker wird nun kommen können und sagen »aber der Papst hat gesagt«, er ist immer ausgeglichen geblieben. Vielleicht wird das bei einem Kontrast am deutlichsten: Als der Papst an der Mauer in Bethlehem stand, brüllte der Lautsprecher palästinensische Parolen, die in ihrer Härte und ihrem Gebrüll so gar nicht zu der Stille des Gebetes passen wollten. Aber davon hat sich Franziskus überhaupt nicht beeindrucken lassen.«

Natürlich ist der Besuch an der Trennmauer, der Empfang durch die Flüchtlinge und der zornige Ausbruch des Papstes gegen Gier und Waffenhandel ganz weit oben bei den Eindrücken, aber die Meditation in Yad Vashem über den Abgrund der menschlichen Freiheit hat mich persönlich und nicht nur mich schwer beeindruckt. Natürlich hat er über den Mord an den Juden gesprochen, aber es war mehr als ein politischer Termin eines Staatschefs. Es ist genau so wie bei der deutlichen Absage an Antisemitismus, es ist kein notwendiges Bekenntnis, sondern kommt bei Franziskus von innen heraus. Und er will – hier darf ich mich wiederholen – er will die Welt verändern oder vielleicht besser: Der Papst will, dass wir die Welt verändern.«

Ob die Ökumene, die Erinnerung an die Begegnung vor fünfzig Jahren zwischen dem griechisch-orthodoxen Patriarchen Athenagoras und Papst Paul VI. ein wenig untergegangen ist? Nun, da waren ja auch viele Themen, die in der Öffentlichkeit einfach wichtiger waren. Nur der Mauerbesuch und Teile von dem Besuch in Yad Vashem haben es in die internationale Presse geschafft. Trotzdem möchte ich bei der Wichtigkeit dieses Stücks der Reise bleiben. Es ist wie bei allen Freundschaften: Man muss sie pflegen. Besuche machen, sprechen, mal über wichtige Dinge und mal einfach nur so. Und man muss Freundschaften feiern. Und dann gedeihen sie. Das haben wir gesehen. Es ist noch nicht alles glatt, zwischen den christlichen Kirchen gibt es noch viele Stolpersteine und nirgendwo wird das so sichtbar wie hier in Jerusalem. Deswegen war die Reise wichtig, und ich glaube auch, dass alle anderen Konflikte, die auf dem Weg dem Papst begegnet sind und die er angesprochen hat, auf diesen ökumenischen Prozess schauen können, was alles möglich ist. Es war das Herzstück der Reise.

JORDANIEN – AN DER TAUFSTELLE JESU

Die Handlungen des Heiligen Geistes –
Heilige Messe in Amman

Mit der Demut Jesu Wunden heilen –
Begegnung mit Flüchtlingen und
Behinderten

Die Handlungen des Heiligen Geistes – Heilige Messe in Amman

Wenn ihr mich liebt, werdet ihr meine Gebote halten. Und ich werde den Vater bitten und er wird euch einen anderen Beistand geben, der für immer bei euch bleiben soll. Es ist der Geist der Wahrheit, den die Welt nicht empfangen kann, weil sie ihn nicht sieht und nicht kennt. Ihr aber kennt ihn, weil er bei euch bleibt und in euch sein wird.

Ich werde euch nicht als Waisen zurücklassen, sondern ich komme wieder zu euch. Nur noch kurze Zeit, und die Welt sieht mich nicht mehr ; ihr aber seht mich, weil ich lebe und weil auch ihr leben werdet.

An jenem Tag werdet ihr erkennen: Ich bin in meinem Vater, ihr seid in mir und ich bin in euch. Wer meine Gebote hat und sie hält, der ist es, der mich liebt; wer mich aber liebt, wird von meinem Vater geliebt werden und auch ich werde ihn lieben und mich ihm offenbaren.

Joh 14,15-21

Im Evangelium haben wir die Verheißung Jesu an seine Jünger gehört: »Ich werde den Vater bitten, und er wird euch einen anderen Beistand geben, der für immer bei euch bleiben soll« (Joh 14,16). Der erste Beistand ist Jesus selber; der »andere« ist der Heilige Geist.

Hier befinden wir uns nicht weit von dem Ort, an dem der Heilige Geist machtvoll auf Jesus von Nazareth herabkam, nachdem Johannes ihn im Jordan getauft hatte (vgl. Mt 3,16), und heute werde ich mich dorthin begeben. Das Evangelium dieses Sonntags und auch dieser Ort, an dem ich mich, Gott sei Dank, als Pilger befinde, laden uns daher ein, über den Heiligen Geist nachzudenken, über das, was er in Christus und in uns vollbringt und was wir so zusammenfassen können: Der Geist vollzieht drei Handlungen: Er bereitet vor, er salbt und er sendet aus.

Der Heilige Geist ist seit Anbeginn der Heilsgeschichte zugegen.

Im Augenblick der Taufe lässt der Geist sich auf Jesus nieder, um ihn auf seine Heilssendung vorzubereiten – eine Sendung, die durch den Stil des demütigen und gütigen Knechtes gekennzeichnet ist, der bereit ist zum Teilen und zur völligen Hingabe seiner selbst. Doch der Heilige Geist, der seit Anbeginn der Heilsgeschichte zugegen ist, hatte in Jesus schon im Moment seiner Empfängnis im jungfräulichen Schoß Marias von Nazareth gewirkt, als er das wunderbare Ereignis der Menschwerdung verwirklichte: »Der Heilige Geist wird dich erfüllen, dich überschatten«, sagt der Engel zu Maria, »und du wirst einen Sohn gebären, dem sollst du den Namen Jesus geben« (vgl. Lk 1,35). Später hatte der Geist am Tag der Darstellung Jesu im Tempel in Simeon und Hanna gewirkt (vgl. Lk 2,22). Beide in Erwartung des Messias, beide vom Heiligen Geist inspiriert, erfassen Simeon und Hanna beim Anblick des Knaben intuitiv, dass er genau der vom ganzen Volk Erwartete ist. Im prophetischen Verhalten der beiden ehrwürdigen Greise kommt die Freude der Begegnung mit dem Erlöser zum Ausdruck und vollzieht sich in gewisser Weise eine Vorbereitung der Begegnung zwischen dem Messias und dem Volk.

Die Sendung des Heiligen Geistes besteht darin, Frieden zu stiften.

Die verschiedenen Momente des Wirkens des Heiligen Geistes sind Teil eines harmonischen Tuns, eines einzigen göttlichen Plans der Liebe. Die Sendung des Heiligen Geistes besteht nämlich darin, Harmonie zu schaffen – er selbst ist Harmonie – und in den verschiedenen Zusammenhängen sowie unter unterschiedlichen Personen Frieden zu stiften. Die Verschiedenheit der Menschen und des Denkens darf nicht Ablehnung und Hindernisse auslösen, denn die Vielfalt ist immer eine Bereicherung. Rufen wir darum heute mit brennendem Herzen den Heiligen Geist an, und bitten wir ihn, den Weg des Friedens und der Einheit vorzubereiten.

Zweitens, der Heilige Geist salbt. Er hat Jesus innerlich gesalbt, und er salbt die Jünger, damit sie die gleiche Gesinnung wie Jesus haben und so in ihrem Leben Verhaltensweisen annehmen können, die den Frieden und die Gemeinschaft fördern. Mit der Salbung des Geistes wird unser Menschsein von der Heiligkeit Jesu Christi geprägt und macht uns fähig, die Mitmenschen mit derselben Liebe zu lieben, mit der Gott uns liebt. Darum ist es nötig, Zeichen der Demut, der Brüderlichkeit, der Vergebung und der Versöhnung zu setzen. Diese Zeichen sind Voraussetzung und Bedingung für einen wahren, beständigen und dauerhaften Frieden.

Bitten wir Gott, uns zu salben, damit wir ganz seine Kinder und Christus immer ähnlicher werden.

Bitten wir Gott, uns zu salben, damit wir ganz seine Kinder und Christus immer ähnlicher werden, um uns alle als Brüder und Schwestern zu fühlen, so Groll und Spaltungen aus unserer Mitte zu entfernen und uns brüderlich zu lieben. Das ist es, was Jesus im Evangelium von uns verlangt hat: »Wenn ihr mich liebt, werdet ihr meine Gebote halten. Und ich werde den Vater bitten, und er wird euch einen anderen Beistand geben, der für immer bei euch bleiben soll« (Joh 14,15-16).

Und schließlich sendet der Heilige Geist aus. Jesus ist der Gesandte, erfüllt vom Geist des Vaters. Vom gleichen Geist gesalbt, sind auch wir ausgesandt als Boten und Zeugen des Friedens. Wie sehr braucht die Welt uns als Boten des Friedens, als Zeugen des Friedens! Das ist ein Bedürfnis, das die Welt hat. Auch die Welt bittet uns, das zu tun: den Frieden zu bringen, den Frieden zu bezeugen!

Den Frieden kann man nicht kaufen, er wird nicht feilgeboten. Der Friede ist ein Geschenk, das man geduldig suchen und »von Hand«aufbauen muss durch kleine und große Handlungen, die unser alltägliches Leben einbeziehen. Der Weg zum Frieden festigt sich, wenn wir erkennen, dass wir alle das gleiche Blut haben und Teil des Menschengeschlechts sind; wenn wir nicht vergessen, dass wir einen einzigen Vater im Himmel haben und alle seine Kinder sind, geschaffen als sein Abbild, ihm ähnlich.

Der Weg zum Frieden festigt sich, wenn wir erkennen, dass wir einen einzigen Vater im Himmel haben und alle seine Kinder sind.

In diesem Geist umarme ich euch alle: den Patriarchen, die Mitbrüder im Bischofsamt, die Priester, die gottgeweihten Personen, die gläubigen Laien sowie die vielen Kinder, die heute die erste heilige Kommunion empfangen, und ihre Angehörigen. Mein Herz wendet sich auch den zahlreichen christlichen Flüchtlingen zu. Wenden auch wir alle uns mit unserem Herzen ihnen, den zahlreichen Flüchtlingen aus Palästina, Syrien und Irak zu! Bringt meinen Gruß und meine Nähe in eure Familien und Gemeinden!

Der Heilige Geist ist am Jordan auf Jesus herabgekommen und hat den Anstoß zu seinem Werk der Erlösung gegeben, um die Welt von Sünde und Tod zu befreien. Ihn bitten wir, unsere Herzen auf die Begegnung mit den Mitmenschen jenseits der Unterschiede von Ansichten, Sprache, Kultur und Religion vorzubereiten; unser ganzes Sein mit dem Öl seiner Barmherzigkeit zu salben, das die Wunden der Fehler, der Verständnislosigkeiten und der Streitigkeiten heilt; und wir bitten ihn um die Gnade, uns demütig und gütig auszusenden auf die anspruchsvollen, aber fruchtbaren Pfade der Suche nach dem Frieden. Amen!

Heilige Messe im »Amman International Stadium«
am 24. Mai 2014

Mit der Demut Jesu Wunden heilen – Begegnung mit Flüchtlingen und Behinderten

Diese Demut Jesu, dieses Sich-Beugen über die menschlichen Wunden, um sie zu heilen, beeindruckt uns immer.

Es war mein großer Wunsch, auf meiner Pilgerreise euch zu treffen, die ihr aufgrund blutiger Konflikte eure Häuser und eure Heimat verlassen musstet und im gastfreundlichen Land Jordanien Zuflucht gefunden habt; und zugleich wollte ich euch begegnen, liebe junge Freunde, die ihr die Last einer körperlichen Behinderung tragt.

Der Ort, an dem wir uns befinden, erinnert an die Taufe Jesu. Indem er hier an den Jordan kommt, um sich von Johannes taufen zu lassen, zeigt er seine Demut und die Teilhabe an der Natur des Menschen: Er erniedrigt sich bis auf unsere Ebene, und mit seiner Liebe gibt er uns die Würde zurück und schenkt uns das Heil. Diese Demut Jesu, dieses Sich-Beugen über die menschlichen Wunden, um sie zu heilen, beeindruckt uns immer. Dieses Sich-Beugen Jesu über alle menschlichen Wunden, um sie zu heilen! Und wir selbst sind tief bewegt von den Tragödien und den Verwundungen unserer Zeit, besonders von denen, die durch die noch offenen Konflikte im Nahen Osten verursacht werden. An erster Stelle denke ich an das geliebte Syrien, das durch einen Bruderkrieg zerrissen wird, der bereits seit drei Jahren andauert, schon unzählige Opfer gefordert und Millionen von Menschen gezwungen hat, als Heimatvertriebene und Verbannte in anderen Ländern zu leben. Alle wollen wir den Frieden! Doch wenn ich diese Tragödie des Krieges betrachte, wenn ich diese Wunden betrachte, wenn ich die vielen Menschen sehe, die ihre Heimat verlassen haben, die gezwungen waren fortzugehen, dann frage ich mich: Wer verkauft diesen Leuten die Waffen, um Krieg zu führen? Da liegt die Wurzel des Übels! Der Hass – und die Geldgier in der Herstellung und im Verkauf der Waffen. Das muss uns an die denken lassen, die dahinterstehen, die all denen, die sich im Konflikt befinden, die Waffen geben, um den Konflikt fortzusetzen! Denken wir daran, und legen wir von Herzen auch ein Wort ein für diese armen Kriminellen, damit sie sich bekehren.

Da liegt die Wurzel des Übels! Der Hass – und die Geldgier.

Ich danke den Verantwortungsträgern und dem jordanischen Volk für die großherzige Aufnahme einer sehr hohen Anzahl von Vertriebenen aus Syrien und aus dem Irak und beziehe in meinen Dank all jene ein, die ihre Arbeit der Betreuung und der Solidarität für die Flüchtlinge leisten. Ich denke auch an das Werk der Nächstenliebe, das von Einrichtungen der Kirche wie der Caritas Jordan und anderen ausgeübt wird, die den Bedürftigen ohne Unterschied des Glaubens und der ethnischen oder ideologischen Zugehörigkeit beistehen und so den Glanz auf dem liebevollen Antlitz Jesu offenbaren, der barmherzig ist. Der allmächtige und gnädige Gott segne euch und all eure Bemühungen, die vom Krieg verursachten Leiden zu lindern! Ich wende mich an die internationale Gemeinschaft, damit sie das so aufnahmebereite und mutige Jordanien in der Bewältigung des humanitären Notstands, der sich aus dem Zustrom einer so hohen Anzahl von Flüchtlingen auf seinem Territorium ergibt, nicht allein lässt, sondern ihre Unterstützungs- und Hilfsaktion fortsetzt und steigert. Ich erneuere meinen äußerst besorgten Aufruf zum Frieden in Syrien. Möge die Gewalt aufhören und das humanitäre Recht geachtet werden, indem der leidenden Bevölkerung die notwendige Hilfe garantiert wird! Alle sollen den Anspruch aufgeben, die Lösung der Probleme den Waffen zu überlassen, und stattdessen zum Verhandlungsweg zurückkehren. Die Übereinkunft kann nämlich einzig durch den Dialog und die Mäßigung erreicht werden, durch das Mitgefühl mit den Leidenden, durch die Suche nach einer politischen Lösung und durch das Verantwortungsgefühl für die Mitmenschen.

Gott segne eure Bemühungen, die vom Krieg verursachten Leiden zu lindern!

Euch Jugendliche bitte ich, euch meinem Gebet um den Frieden anzuschließen. Ihr könnt das auch tun, indem ihr eure täglichen Mühen Gott darbringt; auf diese Weise wird euer Gebet besonders wertvoll und wirksam. Und ich ermutige euch, mit eurem Einsatz und eurem Feingefühl am Aufbau einer Gesellschaft mitzuarbeiten, welche die Schwächsten, die Kranken, die Kinder und die Alten achtet. Seid auch in den Schwierigkeiten des Lebens ein Zeichen der Hoffnung. Ihr seid im Herzen Gottes, ihr seid in meinen Gebeten, und ich danke euch für eure herzliche und frohe und zahlreiche Teilnahme. Danke!

Seid auch in den Schwierigkeiten des Lebens ein Zeichen der Hoffnung.

Am Ende dieser Begegnung drücke ich noch einmal den Wunsch aus, dass Vernunft und Mäßigung siegen mögen und Syrien mit Hilfe der internationalen Gemeinschaft zum Weg des Friedens zurückfinde. Gott bekehre die Gewalttätigen! Gott bekehre diejenigen, die Kriegspläne hegen! Gott bekehre diejenigen, die die Waffen herstellen und verkaufen, und er stärke Herz und Geist der Friedenstifter und belohne sie mit reichem Segen. Möge der Herr euch alle segnen!

Begegnung mit Flüchtlingen und jungen Menschen mit Behinderung in der lateinischen Kirche in »Bethanien jenseits des Jordans« am 24. Mai 2014

Geistlich und doch politisch: Der erste Tag der Papstreise

Aus Jerusalem Pater Bernd Hagenkord SJ

Der erste Tag der Pilgerreise ins Heilige Land bringt gleich die ganze Realität der Region auf die Tagesordnung: Flüchtlinge, Konflikte und Kriege zwischen Völkern und Religionen, das Ringen um Frieden. Gleich die ersten inhaltlichen Sätze der ersten Ansprache setzen diesen Punkt: »Dieses Land bietet einer großen Zahl von Flüchtlingen aus Palästina, dem Irak und anderen Krisengebieten, besonders aus dem benachbarten Syrien, das von einem schon allzu lange andauernden Konflikt erschüttert wird, eine großherzige Aufnahme. Diese Aufnahme verdient die Würdigung und die Unterstützung der internationalen Gemeinschaft.«

Es soll eine Pilgerreise sein, hieß es immer wieder, eine religiöse Reise. Aber wir machen uns was vor, wenn wir glauben, irgendetwas im Nahen Osten sei unpolitisch.
Und so setzt Papst Franziskus an diesem Tag in Amman seine ersten Signale. Respektvolles Sprechen über den Islam, ein Anerkennen der Bemühungen des Königs Abdullah um die Einheit im Islam – auch

kein einfaches Unterfangen – und natürlich die Frage der Flüchtlinge, immer wieder die Flüchtlinge.

Der Frieden fand dann seinen Ort in der Predigt, ganz in den Gedankengängen, die Franziskus auch in Rom pflegt: »Den Frieden kann man nicht kaufen: Er ist ein Geschenk, das man geduldig suchen und ›von Hand‹ aufbauen muss durch kleine und große Handlungen, die unser alltägliches Leben einbeziehen. Der Weg zum Frieden festigt sich, wenn wir erkennen, dass wir alle das gleiche Blut haben und Teil des Menschengeschlechts sind; wenn wir nicht vergessen, dass wir einen einzigen Vater im Himmel haben und alle seine Kinder sind, geschaffen als sein Abbild, ihm ähnlich.« Am Jordan dann wieder Flüchtlinge und Menschen mit Behinderung; hier schafft es der Papst, geistlich zu bleiben und doch politisch zu sein. Die Taufe des Herrn zeige das Menschsein Jesu Christi, »mit seiner Liebe gibt er uns unsre Würde zurück«. Ein emotionaler Appell zu sehen, wer an all dem in seiner Geldgier gewinnt: Waffenhändler, die den Konflikt in Syrien ausnutzen. Noch einmal der Dank an all diejenigen, die den Flüchtlingen helfen, vor allem denen aus Syrien. Und aus all dem, der Würde, der Liebe und dem Dank, kommt dann der Aufruf des Papstes: »Ich wende mich an die internationale Gemeinschaft, damit sie Jordanien in der Bewältigung des humanitären Notstands, der sich aus dem Zustrom einer so hohen Anzahl von Flüchtlingen auf seinem

Territorium ergibt, nicht allein lässt, sondern ihre Unterstützungs- und Hilfsaktion fortsetzt und steigert. Und ich erneuere meinen äußerst besorgten Aufruf zum Frieden in Syrien. Möge die Gewalt aufhören und das humanitäre Recht geachtet werden, indem der leidenden Bevölkerung die notwendige Hilfe garantiert wird! Alle sollen den Anspruch aufgeben, die Lösung der Probleme den Waffen zu überlassen, und stattdessen zum Verhandlungsweg zurückkehren. Die Übereinkunft kann nämlich einzig durch den Dialog und die Mäßigung erreicht werden, durch das Mitgefühl mit den Leidenden, durch die Suche nach einer politischen Lösung und durch das Verantwortungsgefühl für die Mitmenschen.«

Nicht, dass wir das nicht schon gehört hätten, aber darum geht es auch gar nicht. Nicht Originalität ist gefragt, sondern Echtheit, Authentizität und ein Nicht-Nachlassen in all dem, wofür der Papst mit seinem Einsatz steht.
Beständigkeit und Nähe in der Begegnung, das sind die beiden Dinge, dir mir auffallen, wenn ich die Bilder und Worte des Papstes heute noch einmal an mir vorbeiziehen lassen. Es ist politisch, es ist geistlich, es ist zutiefst menschlich. Ein guter Auftakt für diese Reise.

BETHLEHEM – AN DER WIEGE JESU

Mut zum Frieden – Begegnung mit den palästinensischen Behördenvertretern

Zeichen der Hoffnung – Heilige Messe auf dem Bethlehemer Krippenplatz

Ein Gebetstreffen für den Frieden – Gebet des Regina Coeli

Gewalt nicht mit Gewalt besiegen – Begegnung mit Kindern aus Flüchtlingslagern

Mut zum Frieden – Begegnung mit den palästinensischen Behördenvertretern

Ich bin dem Herrn dankbar, heute hier mit euch an dem Ort zu sein, an dem Jesus, der Friedensfürst, geboren ist, und ich danke euch für euren herzlichen Empfang.

Der Nahe Osten erlebt seit Jahrzehnten die dramatischen Folgen des Sich-Hinziehens eines Konflikts, der viele schwer zu heilende Wunden verursacht hat, und auch wenn zum Glück keine Gewalt auflodert, führen die Ungewissheit der Situation und die Verständnislosigkeit zwischen den Parteien zu Unsicherheit, Verweigerung der Rechte, Isolierung und Auswanderung ganzer Gemeinden, zu Spaltungen und zu Not und Leiden aller Art.

> Ich bin dankbar, mit euch an dem Ort zu sein, an dem Jesus, der Friedensfürst, geboren ist.

Indem ich denen meine Nähe bekunde, die am meisten unter den Folgen des Konflikts leiden, möchte ich aus tiefstem Herzen sagen, dass es Zeit ist, dieser Situation, die immer unerträglicher wird, ein Ende zu setzen, und das zum Wohl aller. Mögen sich also die Anstrengungen und die Initiativen zur Schaffung der Bedingungen für einen stabilen Frieden verdoppeln, der auf Gerechtigkeit, auf die Anerkennung der Rechte eines jeden und auf die beiderseitige Sicherheit gegründet ist. Es ist für alle der Moment gekommen, den Mut zur Großherzigkeit und zur Kreativität im Dienst des Guten zu haben, den Mut zum Frieden, der darauf beruht, dass alle das Recht zweier Staaten bejahen, innerhalb international anerkannter Grenzen zu existieren und Frieden und Sicherheit zu genießen.

Es ist für alle der Moment gekommen, den Mut zum Frieden zu haben.

Ich wünsche mir von Herzen, dass im Hinblick auf dieses Ziel allerseits Initiativen und Taten vermieden werden, die dem erklärten Willen, zu einer wirklichen Übereinkunft zu gelangen, widersprechen, und dass man nicht müde wird, den Frieden mit Entschlossenheit und Kohärenz zu verfolgen. Der Friede wird unzählige Vorteile für die Völker dieser Region und für die ganze Welt mit sich bringen. Es ist also notwendig, sich entschieden zu ihm auf den Weg zu machen, auch indem jeder auf etwas verzichtet.

Ich wünsche dem palästinensischen wie dem israelischen Volk und den jeweiligen Verantwortlichen, diesen glücklichen Aufbruch zum Frieden mit jenem Mut und jener Festigkeit zu unternehmen, die für jeden Aufbruch nötig sind. Der Friede in der Sicherheit und das gegenseitige Vertrauen werden zum beständigen Bezugsrahmen werden, um die

Der Weg zum Frieden: die Unterschiede akzeptieren und sich freuen, als Kinder eines einzigen Gottes Geschwister zu sein.

anderen Probleme anzugehen und zu lösen, und so Anlass geben für eine ausgewogene Entwicklung, die zum Vorbild für andere Krisengebiete wird.

Es liegt mir am Herzen, auf die aktive christliche Gemeinde hinzuweisen, die ihren bedeutsamen Beitrag zum Gemeinwohl der Gesellschaft leistet und die Freuden und Leiden des ganzen Volkes teilt. Die Christen beabsichtigen, diese ihre Rolle als vollberechtigte Bürger weiterhin auszuüben, gemeinsam mit den anderen Mitbürgern, die sie als Brüder und Schwestern betrachten.

Herr Präsident, Sie sind als Mann des Friedens und als Friedenstifter bekannt. Die jüngste Begegnung im Vatikan mit Ihnen und meine heutige Anwesenheit in Palästina bestätigen die guten Beziehungen, die zwischen dem Heiligen Stuhl und dem Staat Palästina bestehen und von denen ich mir wünsche, dass sie weiter gefördert werden können, zum Wohl aller. In diesem Zusammenhang möchte ich den Einsatz zur Erarbeitung eines beiderseitigen Abkommens würdigen, welche verschiedene Aspekte des Lebens der katholischen Gemeinschaft im Land betrifft und dabei der Religionsfreiheit besondere Beachtung schenkt. Die Berücksichtigung dieses grundlegenden Menschenrechts ist nämlich eine der unverzichtbaren Bedingungen für den Frieden, für die Brüderlichkeit und für die

Harmonie. Sie sagt der Welt, dass es pflichtgemäß und möglich ist, zwischen unterschiedlichen Kulturen und Religionen zu einem guten Einvernehmen zu gelangen; sie bezeugt, dass die Dinge, die wir gemeinsam haben, so zahlreich und wichtig sind, dass es möglich ist, einen Weg entspannten, geordneten und friedlichen Zusammenlebens zu finden, indem man die Unterschiede akzeptiert und sich freut, als Kinder eines einzigen Gottes Geschwister zu sein.

Herr Präsident, liebe hier in Bethlehem versammelte Brüder und Schwestern, der allmächtige Gott segne euch; er beschütze euch und gewähre euch die Weisheit und die nötige Kraft, den mutigen Weg zum Frieden fortzusetzen, so dass die Schwerter sich in Pflugscharen verwandeln und dieses Land wieder in Wohlstand und Eintracht erblühen kann. Salam!

Begegnung mit den palästinensischen Behördenvertretern in Bethlehem am 25. Mai 2014

Zeichen der Hoffnung – Heilige Messe auf dem Bethlehemer Krippenplatz

»Das soll euch als Zeichen dienen: Ihr werdet ein Kind finden, das, in Windeln gewickelt, in einer Krippe liegt« (Lk 2,12).

Welch eine große Gnade, die Eucharistie an dem Ort zu feiern, wo Jesus geboren ist!

Welch eine große Gnade, die Eucharistie an dem Ort zu feiern, wo Jesus geboren ist! Ich danke Gott, und ich danke euch, die ihr mich auf dieser meiner Pilgerreise empfangen habt: dem Präsidenten Mahmud Abbas und den anderen Vertretern des öffentlichen Lebens; dem Patriarchen Fouad Twal, den anderen Bischöfen und den geistlichen Oberen des Heiligen Landes, den Priestern, den guten Franziskanern, den gottgeweihten Personen und allen, die sich dafür einsetzen, den Glauben, die Hoffnung und die Liebe in diesen Gebieten lebendig zu erhalten; den Vertretern der Gläubigen aus Gaza, aus Galiläa und den Migranten aus Asien und Afrika. Danke für euren Empfang!

Das in Bethlehem geborene Jesuskind ist das Zeichen, das Gott denen gegeben hat, die das Heil erwarteten, und es bleibt für immer das Zeichen der Zärtlichkeit Gottes und seiner Gegenwart in der Welt. Der Engel sagt zu den Hirten: »Das soll euch als Zeichen dienen: Ihr werdet ein Kind finden ...« Auch heute sind die Kinder ein Zeichen. Ein Zeichen der Hoffnung, ein Zeichen des Lebens, aber auch ein »diagnostisches«Zeichen, um den Gesundheitszustand einer Familie, einer Gesellschaft, der ganzen Welt zu erkennen. Wenn die Kinder angenommen, geliebt, behütet und beschützt werden, ist die Familie gesund, wird die Gesellschaft besser und ist die Welt menschlicher. Denken wir an das Werk, welches das Institut Effetà Paolo VI für taubstumme palästinensische Kinder entfaltet: Es ist ein konkretes Zeichen der Güte Gottes. Es ist ein konkretes Zeichen, dass die Gesellschaft besser wird.

Das in Bethlehem geborene Jesuskind ist das Zeichen der Zärtlichkeit Gottes.

Gott wiederholt heute auch für uns Männer und Frauen des 21. Jahrhunderts: »Das soll euch als Zeichen dienen«, sucht das Kind ...

Das Kind von Bethlehem ist zart wie alle Neugeborenen. Es kann nicht sprechen, und doch ist es das Wort, das Fleisch geworden und gekommen ist, um das Herz und das Leben der Menschen zu verändern. Jenes Kind ist wie alle Kinder schwach und bedarf der Hilfe und des Schutzes. Auch heute haben es die Kinder nötig, angenommen und geschützt zu werden – vom Mutterschoß an.

Leider gibt es in dieser Welt, welche die raffiniertesten Technologien entwickelt hat, noch viele Kinder, die unter unmenschlichen Bedingungen an den Peripherien der großen Städte oder in ländlichen Gebieten am Rande der Gesellschaft leben. Viele Kinder werden noch heute ausgebeutet, misshandelt, versklavt, sind Opfer von Gewalt und gesetzeswidrigem Handel. Zu viele Kinder sind heute aus der Heimat vertrieben und auf der Flucht, manchmal in den Meeren untergegangen, besonders in den Fluten des Mittelmeers. Für all das schämen wir uns heute vor Gott – vor Gott, der ein Kind geworden ist.

Auch heute haben es die Kinder nötig, angenommen und geschützt zu werden.

Und wir fragen uns: Wer sind wir vor dem Kind Jesus? Wer sind wir vor den Kindern von heute? Sind wir wie Maria und Josef, die Jesus aufnehmen und sich mit mütterlicher und väterlicher Liebe um ihn kümmern? Oder sind wir wie Herodes, der ihn beseitigen will? Sind wir wie die Hirten, die eilends gehen, die niederknien, um ihn anzubeten, und ihre bescheidenen Gaben darbringen? Oder sind wir gleichgültig? Sind wir etwa Phrasendrescher oder Frömmler, Menschen, welche die Bilder der armen Kinder zu Gewinnzwecken ausnutzen? Sind wir fähig, bei ihnen zu sein, »Zeit zu verlieren« mit ihnen? Verstehen wir es, ihnen zuzuhören, sie zu behüten, für sie und mit ihnen zu beten? Oder vernachlässigen wir sie, um uns mit unseren Geschäften zu befassen?

»Das soll uns als Zeichen dienen: Ihr werdet ein Kind finden …« Vielleicht weint jenes Kind; weint, weil es Hunger hat, weil es friert, weil es in den Armen liegen möchte … Auch heute weinen die Kinder, sie weinen viel, und ihr Weinen fragt uns an. In einer Welt, die täglich tonnenweise Nahrungsmittel und Medikamente wegwirft, gibt es Kinder, die vor Hunger oder aufgrund von Krankheiten, die leicht zu heilen wären, vergeblich weinen. In einer Zeit, die den Schutz der Minderjährigen proklamiert, werden Waffen gehandelt, die in den Händen von Kindersoldaten landen; werden Produkte gehandelt, die von kleinen Sklavenarbeitern verpackt sind. Ihr Weinen ist unterdrückt: Das Weinen dieser Kinder ist unterdrückt! Sie müssen kämpfen, müssen arbeiten, sie dürfen nicht weinen! Doch um sie weinen die Mütter, Rahel von heute: Sie beweinen ihre Kinder und wollen sich nicht trösten lassen (vgl. Mt 2,18).

Verstehen wir es, Kindern zuzuhören, sie zu behüten, für sie und mit ihnen zu beten?

»Das soll euch als Zeichen dienen: Ihr werdet ein Kind finden …« Das in Bethlehem geborene Jesuskind, jedes Kind, das in jedem Teil der Welt geboren wird und heranwächst, ist ein diagnostisches Zeichen, das uns erlaubt, den Gesundheitszustand unserer Familie, unserer Gemeinschaft, unserer Nation zu überprüfen. Aus dieser klaren und aufrichtigen Diagnose kann ein neuer Lebensstil hervorgehen, wo die Beziehungen nicht mehr durch Konflikt, Unterdrückung und Konsumismus bestimmt sind, sondern Beziehungen der Brüderlichkeit, der Vergebung und der Versöhnung, des Teilens und der Liebe sind.

O Maria, Mutter Jesu,
die du ihn aufgenommen hast,
lehre uns aufnehmen;
die du ihn angebetet hast,
lehre uns anbeten;
die du ihm nachgefolgt bist,
lehre uns nachfolgen.
Amen.

Heilige Messe auf dem Bethlehemer Krippenplatz am 25. Mai 2014

Ein Gebetstreffen für den Frieden – Gebet Regina Coeli

An diesem Ort, wo der Friedensfürst geboren wurde, möchte ich an Sie, Herr Präsident Mahmud Abbas, und an Herrn Präsidenten Schimon Peres eine Einladung richten, gemeinsam mit mir ein intensives Gebet zu erheben und von Gott das Geschenk des Friedens zu erflehen. Ich biete mein Haus im Vatikan an, um dieses Gebetstreffen zu beherbergen.

Lasst uns von Gott das Geschenk des Friedens erflehen.

Alle ersehnen wir den Frieden; viele Menschen bauen ihn täglich mit kleinen Gesten auf; viele leiden und nehmen geduldig die Mühe auf sich, immer wieder zu versuchen, Frieden zu schaffen. Und alle – besonders diejenigen, die in den Dienst ihres eigenen Volkes gestellt sind – haben wir die Pflicht, uns zu Werkzeugen und Urhebern des Friedens zu machen, vor allem im Gebet.

Frieden zu schaffen ist schwierig, aber ohne Frieden zu leben, ist eine Qual. Alle Männer und Frauen dieses Landes und der ganzen Welt bitten uns, ihr brennendes Verlangen nach Frieden vor Gott zu tragen.

Während wir uns anschicken, diese Feier zu beenden, wenden wir unsere Gedanken Maria zu, die genau hier in Bethlehem ihren Sohn Jesus zur Welt gebracht hat. Die heilige Jungfrau ist diejenige, die mehr als alle anderen Gott im menschlichen Antlitz Jesu betrachtet hat. Mit der Unterstützung des heiligen Josef hat sie ihn in Windeln gewickelt und in die Krippe gelegt.

Alle haben wir die Pflicht, uns zu Werkzeugen des Friedens zu machen.

Ihr vertrauen wir dieses Land an und alle, die darin wohnen, damit sie in Gerechtigkeit, Frieden und Brüderlichkeit leben können. Wir vertrauen ihr auch die Pilger an, die hierher kommen, um aus den Quellen des christlichen Glaubens zu schöpfen – von ihnen sind viele auch bei dieser heiligen Messe zugegen.

Wache, o Maria, über die Familien, über die Jugendlichen, über die alten Menschen.

Wache über die, welche den Glauben und die Hoffnung verloren haben;

tröste die Kranken, die Gefangenen und alle Leidenden;

stehe den Hirten und der ganzen Gemeinschaft der Gläubigen bei, damit sie »Salz und Licht«in diesem gesegneten Land seien;

unterstütze die Bildungseinrichtungen, besonders die Bethlehem University.

Indem ich hier in Bethlehem die heilige Familie betrachte, geht mein Denken spontan nach Nazareth, wohin ich mich hoffentlich, wenn es Gott gefällt, bei einer anderen Gelegenheit begeben kann. Von hier aus umarme ich die gläubigen Christen, die in Galiläa leben, und ermutige dazu, das Internationale Zentrum für die Familie in Nazareth zu verwirklichen.

Wache, o Maria, über die, welche den Glauben und die Hoffnung verloren haben.

Der heiligen Jungfrau vertrauen wir das Geschick der Menschheit an, damit sich in der Welt neue und verheißungsvolle Horizonte der Brüderlichkeit, der Solidarität und des Friedens öffnen.

Gebet des Regina Coeli in Bethlehem am 25. Mai 2014

Gewalt nicht mit Gewalt besiegen

Ein Kind: Lieber Papst Franziskus, wir sind die Kinder Palästinas. Seit 66 Jahren leiden unsere Eltern unter der Besatzung. Wir haben unsere Augen unter der Besatzung geöffnet, und wir haben die Nakba in den Augen unserer Großeltern gesehen, als sie aus dieser Welt geschieden sind. Wir möchten der Welt sagen: Schluss mit den Leiden und den Demütigungen!

Papst Franziskus: [...] Ich habe gelesen, was ihr auf den Blättern geschrieben habt ... Ich begreife, was ihr mir sagt, und die Botschaft, die ihr mir übergebt. Lasst niemals zu, dass die Vergangenheit euer Leben bestimmt. Blickt immer nach vorn. Arbeitet und ringt darum, zu erhalten, was ihr erstrebt. Doch eines sollt ihr wissen: dass man Gewalt nicht mit Gewalt besiegt! Gewalt besiegt man mit Frieden! Mit Frieden, mit Arbeit, mit der Würde, die Heimat voranzubringen!
... Ich bitte Gott, dass er euch segnen möge! Und euch bitte ich, für mich zu beten! Vielen Dank!

Begegnung mit Kindern aus den Flüchtlingslagern Dheische, Aida und Beit Dschibrin in Bethlehem am 25. Mai 2014

JERUSALEM – IN DER HEILIGEN STADT

Jerusalem: »Stadt des Friedens« – Willkommenszeremonie in Tel Aviv

Wir sind Glieder einer Familie – Die gemeinsame Erklärung von Papst Franziskus und dem Ökumenischen Patriarchen Bartholomäus

Erfahrungen der Auferstehung – Ökumenische Feier in der Grabeskirche

Abraham als Vater im Glauben – Besuch beim Großmufti von Jerusalem

Frieden über Israel! – Höflichkeitsbesuch beim Staatspräsidenten Israels

Mensch, wer bist du? – Besuch der Holocaust-Gedenkstätte Yad Vashem

In Freundschaft verbunden – Höflichkeitsbesuch bei den beiden Großrabbinern von Jerusalem

Die Schwierigkeiten der Nachfolge – Begegnung mit Priestern, Ordensleuten und Seminaristen in der Gethsemanekirche

Der Horizont des Abendmahlssaals – Heilige Messe im Abendmahlssaal in Jerusalem

Jerusalem: »Stadt des Friedens« – Willkommenszeremonie in Tel Aviv

Ich komme als Pilger fünfzig Jahre nach der historischen Reise Papst Pauls VI.

Ich danke Ihnen herzlich für den Empfang im Staat Israel, den ich zu meiner Freude auf dieser meiner Pilgerreise besuchen kann. Dem Präsidenten, Herrn Schimon Peres, und dem Premierminister, Herrn Benjamin Netanjahu, bin ich dankbar für die freundlichen Worte, die sie an mich gerichtet haben; gerne erinnere ich mich an die Begegnungen, die ich mit ihnen im Vatikan hatte. Wie Sie wissen, komme ich als Pilger fünfzig Jahre nach der historischen Reise Papst Pauls VI. hierher. Seit damals hat sich zwischen dem Heiligen Stuhl und dem Staat Israel vieles geändert: Die diplomatischen Beziehungen, die schon seit zwei Jahrzehnten zwischen uns bestehen, haben die Zunahme guter und herzlicher Kontakte ermöglicht, wie die beiden bereits unterzeichneten und ratifizierten Abkommen sowie das, was kurz vor seinem Abschluss steht, bezeugen. In diesem Geist richte ich meinen Gruß an das ganze Volk Israels und wünsche, dass sein Streben nach Frieden und Wohlstand Verwirklichung findet.

Auf den Spuren meiner Vorgänger bin ich als Pilger ins Heilige Land gekommen, wo sich eine Geschichte mehrerer Jahrtausende entfaltet hat und die hauptsächlichen Ereignisse stattgefunden haben, die mit dem Entstehen und der Entwicklung der drei großen monotheistischen Religionen – Judentum, Christentum und Islam – verbunden sind; deshalb ist es ein geistiger Bezugspunkt für einen großen Teil der Menschheit. Ich wünsche mir also, dass dieses gesegnete Land ein Ort sei, in dem es für eine Instrumentalisierung und Überbetonung der eigenen Religionszugehörigkeit, die zu Intoleranz und Gewalt gegen die anderer führt, keinen Raum gibt.

Ich wünsche mir, dass dieses gesegnete Land ein Ort sei, in dem es für Intoleranz und Gewalt keinen Raum gibt.

Während dieser meiner Pilgerreise im Heiligen Land werde ich einige der sinnreichsten Orte von Jerusalem besuchen, dieser Stadt von universaler Bedeutung. Jerusalem heißt »Stadt des Friedens«. So will Gott sie, und dass sie so sei, wollen alle Menschen guten Willens. Doch leider ist diese Stadt noch geplagt von den Folgen langer Konflikte. Wir alle wissen, wie dringend die Notwendigkeit des Friedens nicht nur für Israel, sondern auch für die gesamte Region ist. Es mögen sich darum die Bemühungen und die Energien vervielfachen, um zu einer gerechten und dauerhaften Beilegung der Konflikte zu gelangen, die so viel Leid verursacht haben. Vereint mit allen Menschen guten Willens bitte ich inständig alle Verantwortungsträger, nichts unversucht zu lassen auf der Suche nach unparteiischen Lösungen der komplexen Schwierigkeiten, so dass Israelis und Palästinenser in Frieden leben können. Mutig und unermüdlich muss immer neu der Weg des Dialogs, der Versöhnung und des Friedens beschritten werden. Eine Alternative gibt es nicht. Darum erneuere ich den Aufruf, den Benedikt XVI. von diesem Ort ausgehen ließ: »Es möge allgemein anerkannt werden, dass der Staat Israel das Recht hat, zu existieren und Frieden und Sicherheit innerhalb international vereinbarter Grenzen zu genießen. Ebenso möge anerkannt werden, dass das palästinensische Volk ein Recht auf eine souveräne, unabhängige Heimat, auf ein Leben in Würde und auf Reisefreiheit hat. Die Zwei-Staaten-Lösung möge Wirklichkeit werden und nicht ein Traum bleiben« (Ansprache am Intern. Flughafen »Ben Gurion«, Tel Aviv, 15. Mai 2009).

Mutig und unermüdlich muss immer neu der Weg des Dialogs, der Versöhnung und des Friedens beschritten werden.

Ein besonders bewegender Moment meines Aufenthalts in Ihrem Land wird der Besuch der Gedenkstätte Yad Vashem sein, in Erinnerung an die sechs Millionen Juden, die Opfer der Schoah wurden – eine Tragödie, die ein Symbol dafür bleibt, wie weit die Ruchlosigkeit des Menschen gehen kann, wenn er, durch falsche Ideologien angestiftet, die grundlegende Würde eines jeden Menschen vergisst, der eine absolute Achtung gebührt, gleich welchem Volk der Mensch angehört und welche Religion er bekennt. Ich bete zu Gott, dass ein solches Verbrechen, dem in erster Linie Juden und auch viele Christen und andere zum Opfer gefallen sind, niemals mehr geschehe. Immer der Vergangenheit eingedenk, wollen wir eine Erziehung fördern, in der die Ausschließung und die Auseinandersetzung der Einbeziehung und der Begegnung weichen, wo kein Platz ist für Antisemitismus, in welcher Form auch immer er sich zeigt, sowie für jeden Ausdruck der Feindseligkeit, der Diskriminierung oder der Intoleranz gegenüber Menschen und Völkern. Mit tief betrübtem Herzen denke ich an die, welche gestern in dem grausamen Attentat in Brüssel ihr Leben verloren haben. Indem ich erneut meine tiefe Missbilligung für diese kriminelle Tat antisemitischen Hasses zum Ausdruck bringe, vertraue ich dem barmherzigen Gott die Opfer an und erbitte den Verletzten die Heilung.

Seid ein Sauerteig der Versöhnung, Hoffnungsbringer und Zeugen der Liebe!

Die Kürze der Reise beschränkt unvermeidlich die Möglichkeiten zur Begegnung. Von hier aus möchte ich alle israelischen Bürger grüßen und ihnen meine Nähe bekunden, besonders denen, die in Nazareth und in Galiläa leben, wo es auch viele christliche Gemeinden gibt.

An die Bischöfe und an die Christgläubigen richte ich meinen brüderlichen und herzlichen Gruß. Ich ermutige sie, voll Vertrauen und Hoffnung ihr friedvolles Zeugnis zugunsten von Versöhnung und Vergebung fortzuführen, indem sie der Lehre und dem Beispiel Jesu, des Herrn, folgen, der sein Leben für den Frieden der Menschen, sei es mit Gott, sei es untereinander, hingegeben hat. Seid ein Sauerteig der Versöhnung, Hoffnungsbringer und Zeugen der Liebe. Wisst, dass ihr immer in meinen Gebeten seid.

Ich möchte an Sie, Herr Präsident, und an Herrn Präsidenten Mahmud Abbas eine Einladung richten, gemeinsam mit mir ein intensives Gebet zu erheben und von Gott das Geschenk des Friedens zu erflehen. Ich biete mein Haus im Vatikan an, um dieses Gebetstreffen zu beherbergen. Alle ersehnen wir den Frieden; viele Menschen bauen ihn täglich mit kleinen Gesten auf; viele leiden und nehmen geduldig die Mühe auf sich, immer wieder zu versuchen, Frieden zu schaffen. Und alle – besonders diejenigen, die in den Dienst ihres eigenen Volkes gestellt sind – haben wir die Pflicht, uns zu Werkzeugen und Urhebern des Friedens zu machen, vor allem im Gebet. Frieden zu schaffen ist schwierig, aber ohne Frieden zu leben, ist eine Qual. Alle Männer und Frauen dieses Landes und der ganzen Welt bitten uns, ihr brennendes Verlangen nach Frieden vor Gott zu tragen.

Herr Präsident, Herr Premierminister, meine Damen und Herren, ich danke Ihnen noch einmal für Ihren Empfang.
Mögen Frieden und Wohlstand reichlich auf Israel herabkommen. Gott segne sein Volk mit Frieden! Schalom!

Willkommenszeremonie auf dem Internationalen Flughafen »Ben Gurion« in Tel Aviv am 25. Mai 2014

Wir sind Glieder einer Familie – Die gemeinsame Erklärung von Papst Franziskus und dem Ökumenischen Patriarchen Bartholomäus

Unser Treffen ist für uns eine Quelle inniger geistlicher Freude.

1. Wie unsere verehrten Vorgänger Papst Paul VI. und der Ökumenische Patriarch Athenagoras, die sich vor fünfzig Jahren hier in Jerusalem trafen, waren auch wir, Papst Franziskus und der Ökumenische Patriarch Bartholomäus, entschlossen, uns im Heiligen Land zu treffen, »wo unser gemeinsamer Erlöser, unser Herr Jesus Christus, lebte, lehrte, starb, auferstand und in den Himmel auffuhr, von wo aus er den Heiligen Geist auf die entstehende Kirche herabsandte« (Gemeinsame Erklärung von Papst Paul VI. und Patriarch Athenagoras, die nach ihrer Begegnung am 6. Januar 1964 veröffentlicht wurde). Unser Treffen, eine weitere Begegnung der Bischöfe der Kirchen von Rom und Konstantinopel, die von Petrus bzw. Andreas, den beiden Apostel-Brüdern, gegründet wurden, ist für uns eine Quelle inniger geistlicher Freude. Es bietet eine günstige Gelegenheit, über die Tiefe und die Echtheit der zwischen uns bestehenden Bande nachzudenken, die selbst Frucht ei-

nes von Gnade erfüllten Weges sind, auf welchem der Herr uns seit jenem segensreichen Tag vor fünfzig Jahren geführt hat.

2. Unsere heutige brüderliche Begegnung ist ein erneuter und notwendiger Schritt auf dem Weg zu der Einheit, zu der allein der Heilige Geist uns führen kann, der Einheit der Verbundenheit in der legitimen Vielfalt. Mit tiefer Dankbarkeit erinnern wir uns an die Schritte, die zu tun der Herr uns bereits befähigt hat. Die gegenseitige Umarmung von Papst Paul VI. und Patriarch Athenagoras hier in Jerusalem nach Jahrhunderten des Schweigens ebnete den Weg für eine bedeutsame Geste, die Aufhebung der Akte der gegenseitigen Exkommunikation von 1054 und ihre Entfernung aus dem Gedächtnis und dem Herzen der Kirche. Darauf folgten ein Austausch von Besuchen zwischen den jeweiligen Sitzen von Rom und Konstantinopel, ein regelmäßiger Schriftwechsel und später die von Papst Johannes Paul II. und Patriarch Dimitrios – beide seligen Angedenkens – angekündigte Entscheidung, einen theologischen Dialog der Wahrheit zwischen Katholiken und Orthodoxen aufzunehmen. Im Laufe dieser Jahre hat Gott, der Quell allen Friedens und aller Liebe, uns gelehrt, einander als Glieder ein und derselben christlichen Familie

Gott hat uns gelehrt, einander als Glieder ein und derselben christlichen Familie zu betrachten.

Wir sehen erwartungsvoll dem Tag entgegen, an dem wir endlich gemeinsam am eucharistischen Mahl teilnehmen werden.

zu betrachten, unter einem Herrn und Heiland, Jesus Christus, und einander zu lieben, so dass wir unseren Glauben an dasselbe Evangelium Christi bekennen können, wie er von den Aposteln empfangen und von den Ökumenischen Konzilen und den Kirchenvätern formuliert und an uns weitergegeben wurde. Während wir uns sehr wohl bewusst sind, dass wir das Ziel der vollen Gemeinschaft nicht erreicht haben, bekräftigen wir heute unseren Einsatz, unseren gemeinsamen Weg zur Einheit fortzusetzen, für die Christus, unser Herr, zum Vater gebetet hat: »Alle sollen eins sein« (Joh 17,21).

3. Im klaren Bewusstsein, dass die Einheit sich in der Liebe zu Gott und zum Nächsten ausdrückt, sehen wir erwartungsvoll dem Tag entgegen, an dem wir endlich gemeinsam am eucharistischen Mahl teilnehmen werden. Als Christen sind wir aufgerufen, uns auf den Empfang dieses Geschenks der eucharistischen Gemeinschaft entsprechend der Lehre des heiligen Irenäus von Lyon (Adv. haer. IV,18,5: PG 7,1028) durch das Bekenntnis des einen Glaubens, beharrliches Beten, innere Umkehr, Erneuerung des Lebens und brüderlichen Dialog vorzubereiten. Wenn wir dieses erhoffte Ziel erreichen, werden wir der Welt die Liebe Gottes zeigen, durch

die wir als wahre Jünger Jesu Christi erkannt werden (vgl. Joh 13,35).

4. Zu diesem Zweck leistet der von der Gemeinsamen Internationalen Kommission geführte Dialog einen grundlegenden Beitrag für die Suche nach der vollen Gemeinschaft zwischen Katholiken und Orthodoxen. Im Laufe der nachfolgenden Zeiten unter Johannes Paul II. und Benedikt XVI. und Patriarch Dimitrios war der Fortschritt unserer theologischen Begegnungen beachtlich. Heute bringen wir unsere tiefempfundene Anerkennung für die bisher erzielten Errungenschaften sowie für die gegenwärtigen Bemühungen zum Ausdruck. Dies ist keine bloß theoretische Übung, sondern eine Übung in Wahrheit und Liebe, die eine immer tiefere Kenntnis der beiderseitigen Traditionen erfordert, um sie zu verstehen und von ihnen zu lernen. Daher bekräftigen wir noch einmal, dass der theologische Dialog nicht den kleinsten gemeinsamen Nenner in der Theologie anstrebt, auf dem ein Kompromiss erreicht werden kann, sondern es geht vielmehr darum, das eigene Verständnis der ganzen Wahrheit, die Christus seiner Kirche geschenkt hat, zu vertiefen – eine Wahrheit, in die wir unaufhörlich weiter eindringen, wenn wir den Eingebungen des Heiligen Geistes folgen. Darum erklären wir ge-

Dies ist keine bloß theoretische Übung, sondern eine Übung in Wahrheit und Liebe.

meinsam, dass unsere Treue zum Herrn eine brüderliche Begegnung und einen aufrichtigen Dialog verlangt. Solch ein gemeinsames Streben führt uns nicht von der Wahrheit weg; vielmehr wird es uns durch einen Austausch der Gaben und unter der Leitung des Heiligen Geistes in die ganze Wahrheit führen (vgl. Joh 16,13).

Es ist unsere Pflicht, gemeinsam eine gerechte und menschliche Gesellschaft aufzubauen.

5. Doch auch während wir noch auf dem Weg zur vollen Gemeinschaft sind, haben wir bereits die Pflicht, gemeinsam die Liebe Gottes zu allen Menschen zu bezeugen, indem wir im Dienst der Menschlichkeit zusammenarbeiten, besonders dadurch, dass wir die Würde des Menschen in allen Lebensphasen und die Unantastbarkeit der auf die Ehe gegründeten Familie verteidigen, den Frieden und das Gemeinwohl fördern und uns um das Leiden kümmern, das unsere Welt immer wieder heimsucht. Wir erkennen an, dass Hunger, Armut, Analphabetismus und die ungleiche Verteilung der Güter ständig unserer besonderen Aufmerksamkeit bedürfen. Es ist unsere Pflicht, uns zu bemühen, gemeinsam eine gerechte und menschliche Gesellschaft aufzubauen, in der sich niemand ausgeschlossen oder an den Rand gedrängt fühlt.

6. Es entspricht unserer festen Überzeugung dass die Zukunft der Menschheitsfamilie auch davon abhängt, wie wir – sowohl klug als auch leidenschaftlich, mit Gerechtigkeit und Fairness – das Geschenk der Schöpfung bewahren, das der Schöpfer uns anvertraut hat. Deshalb geben wir mit Bedauern die rücksichtslose Misshandlung unseres Planeten zu, die in Gottes Augen der Sünde gleichkommt. Erneut bestätigen wir unsere Verantwortung und Pflicht, den Sinn für Bescheidenheit und Maß zu fördern, so dass alle die Notwendigkeit empfinden, die Schöpfung zu achten und sorgsam zu bewahren. Gemeinsam versprechen wir unseren Einsatz, die Sensibilität für den Umgang mit der Schöpfung zu erhöhen; wir rufen alle Menschen guten Willens auf zu prüfen, wie sie weniger verschwenderisch und genügsamer leben können, indem sie weniger Gier und stattdessen mehr Großzügigkeit zeigen für den Schutz von Gottes Welt und das Wohl der Menschen.

Wir rufen alle Menschen auf, mehr Großzügigkeit zu zeigen für den Schutz von Gottes Welt.

7. In gleicher Weise ist es dringend notwendig, dass die Christen wirksam und engagiert zusammenarbeiten, um überall das Recht zu sichern, den eigenen Glauben öffentlich zu bekunden und fair behandelt zu werden, wenn sie das fördern, was das Christentum der heutigen Gesellschaft und

Kultur weiterhin zu bieten hat. In diesem Zusammenhang laden wir alle Christen ein, einen echten Dialog mit dem Judentum, dem Islam und anderen religiösen Traditionen zu fördern. Gleichgültigkeit und wechselseitige Unkenntnis können nur zu Misstrauen und bedauerlicherweise sogar zu Konflikten führen.

8. Von dieser Heiligen Stadt Jerusalem aus bringen wir unsere gemeinsame tiefe Besorgnis angesichts der Situation der Christen im Nahen Osten zum Ausdruck sowie unsere Sorge um ihr Recht, vollberechtigte Bürger ihrer Heimatländer zu bleiben. Voll Vertrauen wenden wir uns im Gebet um Frieden im Heiligen Land wie überhaupt im Nahen Osten an den allmächtigen und barmherzigen Gott. Wir beten insbesondere für die Kirchen in Ägypten, Syrien und im Irak, die aufgrund der jüngsten Ereignisse sehr schmerzlich gelitten haben. Wir ermuntern alle Parteien, unabhängig von ihren religiösen Überzeugungen weiter für Versöhnung und für die angemessene Anerkennung der Menschenrechte zu arbeiten. Wir sind davon überzeugt, dass nicht Waffen, sondern Dialog, Vergebung und Versöhnung die einzig möglichen Mittel sind, um Frieden zu erlangen.

Voll Vertrauen wenden wir uns im Gebet um Frieden an Gott.

9. In einem von Gewalt, Gleichgültigkeit und Egoismus gezeichneten geschichtlichen Kontext spüren heute viele Männer und Frauen, dass sie die Orientierung verloren haben. Gerade durch unser gemeinsames Zeugnis für die Frohe Botschaft des Evangeliums können wir den Menschen unserer Zeit helfen, den Weg wiederzuentdecken, der zu Wahrheit, Gerechtigkeit und Frieden führt. In unseren Bestrebungen vereint und in Erinnerung an das Beispiel von Papst Paul VI. und Patriarch Athenagoras vor fünfzig Jahren hier in Jerusalem, fordern wir alle Christen zusammen mit den Anhängern aller religiösen Traditionen und mit allen Menschen guten Willens auf, die Dringlichkeit der Stunde zu erkennen, die uns zwingt, die Versöhnung und Einheit der Menschheitsfamilie anzustreben, bei voller Berücksichtigung der legitimen Unterschiede, zum Wohl der gesamten Menschheit und der künftigen Generationen.

Zusammen pilgern wir zu dem Ort, wo unser gemeinsamer einziger Herr Jesus Christus gekreuzigt und begraben wurde und auferstanden ist.

10. Indem wir zusammen zu dem Ort pilgern, wo unser gemeinsamer einziger Herr Jesus Christus gekreuzigt und begraben wurde und auferstanden ist, empfehlen wir unsere zukünftigen Schritte auf dem Weg zur Fülle der Gemeinschaft demütig der Fürbitte der Allerseligsten und allzeit jungfräulichen

Mutter Maria und vertrauen die ganze Menschheitsfamilie der grenzenlosen Liebe Gottes an.

»Der Herr lasse sein Angesicht über dich leuchten und sei dir gnädig. Der Herr wende sein Angesicht dir zu und schenke dir Frieden« (Num 6,25-26).

Gemeinsame Erklärung von Papst Franziskus und dem Ökumenischen Patriarchen Bartholomäus, Jerusalem am 25. Mai 2014

Erfahrungen der Auferstehung – Ökumenische Feier in der Grabeskirche

In dieser Basilika, auf die jeder Christ mit tiefer Verehrung schaut, erreicht die Pilgerfahrt, die ich gemeinsam mit meinem geliebten Bruder in Christus, Seiner Heiligkeit Bartholomäus, unternehme, ihren Höhepunkt. Wir führen sie durch auf den Spuren unserer verehrten Vorgänger, Papst Pauls VI. und Patriarch Athenagoras', die vor fünfzig Jahren mutig und vom Heiligen Geist geführt in der Heiligen Stadt Jerusalem die historische Begegnung zwischen dem Bischof von Rom und dem Patriarchen von Konstantinopel verwirklichten. Von Herzen begrüße ich Sie alle, die Sie hier zugegen sind. Meinen herzlichen Dank für die Ermöglichung dieses Momentes sage ich im Besonderen Seiner Seligkeit Theophilus, der uns mit freundlichen Worten willkommen geheißen hat, sowie Seiner Seligkeit Nourhan Manoogian und dem hochwürdigen Pater Pierbattista Pizzaballa.

Es ist eine außerordentliche Gnade, hier im Gebet vereint zu sein.

Es ist eine außerordentliche Gnade, hier im Gebet vereint zu sein. Das leere Grab, jene in einem Garten gelegene neue Grabstelle, wo Josef von Arimathäa den Leichnam Jesu ehrfürchtig beigesetzt hatte, ist der Ort, von dem die Botschaft der Auferstehung ausgeht: »Fürchtet euch nicht! Ich weiß, ihr sucht Jesus, den Gekreuzigten. Er ist nicht hier; denn er ist auferstanden, wie er gesagt hat. Kommt her und seht euch die Stelle an, wo er lag. Dann geht schnell zu seinen Jüngern und sagt ihnen: Er ist von den Toten auferstanden«(Mt 28,5-7). Diese Botschaft, die von dem Zeugnis derer bestätigt wurde, denen der auferstandene Herr erschien, ist das Herz der christlichen Botschaft; sie wurde treu von Generation zu Generation weitergegeben, wie der Apostel Paulus von Anfang an bezeugt: »Vor allem habe ich euch überliefert, was auch ich empfangen habe: Christus ist für unsere Sünden gestorben, gemäß der Schrift, und ist begraben worden. Er ist am dritten Tag auferweckt worden, gemäß der Schrift«(1 Kor 15,3-4). Sie ist die Grundlage des Glaubens, der uns eint und dank dem wir gemeinsam bekennen, dass Jesus Christus, der eingeborene Sohn des Vaters und unser einziger Herr, »gelitten [hat] unter Pontius Pilatus, gekreuzigt, gestorben und begraben, hinabgestiegen in das Reich des Todes, am dritten Tage auferstanden [ist] von den Toten« (Apostolisches Glaubensbekenntnis). Jeder von uns, jeder in Christus Getaufte ist geistig auferstanden aus diesem Grab, denn alle sind wir in der Taufe dem Erstgeborenen der ganzen

Jeder von uns ist geistig auferstanden aus diesem Grab.

Schöpfung wirklich eingegliedert und gemeinsam mit ihm begraben worden, um mit ihm auferweckt zu werden und »als neue Menschen leben« zu können (Röm 6,4).
Nehmen wir die besondere Gnade dieses Augenblicks an. Verweilen wir in ehrfürchtiger Sammlung am leeren Grab, um die Größe unserer christlichen Berufung wiederzuentdecken: Wir sind Männer und Frauen der Auferstehung, nicht des Todes. Lernen wir von diesem Ort, unser Leben, die Sorgen unserer Kirchen und der ganzen Welt im Licht des Ostermorgens zu leben. Jede Verwundung, jedes Leiden, jeder Schmerz sind vom Guten Hirten auf seine eigenen Schultern geladen worden; er hat sich selbst hingegeben, und mit seinem Opfer hat er uns den Übergang ins ewige Leben eröffnet. Seine offenen Wunden sind gleichsam das Tor, durch das sich der Strom seiner Barmherzigkeit über die Welt ergießt. Lassen wir uns die Grundlage unserer Hoffnung nicht nehmen, die genau diese ist: Christòs anesti! Enthalten wir der Welt die frohe Botschaft der Auferstehung nicht vor! Und seien wir nicht taub gegenüber dem mächtigen Aufruf zur Einheit, der gerade von diesem Ort aus in den Worten dessen ertönt, der als Auferstandener uns alle »meine Brüder«nennt (vgl. Mt 28,10; Joh 20,17)!

Jedes Leiden, jeder Schmerz sind vom Guten Hirten auf seine eigenen Schultern geladen worden.

Sicher, wir können die Spaltungen, die unter uns Jüngern Jesu noch bestehen, nicht leugnen: Dieser heilige Ort lässt ihr Drama noch leidvoller empfinden. Und doch erkennen wir fünfzig Jahre nach der Umarmung jener beiden ehrwürdigen Väter mit Dankbarkeit und neuem Staunen, wie es durch den Antrieb des Heiligen Geistes möglich war, wirklich bedeutende Schritte auf die Einheit hin zu vollziehen. Wir sind uns bewusst, dass noch eine weitere Wegstrecke zurückzulegen bleibt, um jene Fülle der Gemeinschaft zu erreichen, die ihren Ausdruck auch in der Teilnahme am selben eucharistischen Mahl finden kann, die wir so brennend ersehnen; doch die Unstimmigkeiten dürfen uns nicht erschrecken und unser Vorangehen nicht lähmen. Wir müssen glauben, dass ebenso, wie der Stein vom Grab weggewälzt worden ist, auch alle Hindernisse ausgeräumt werden können, die der vollen Gemeinschaft zwischen uns noch im Weg stehen. Es wird eine Auferstehungsgnade sein, die wir schon heute vorauskosten können. Jedes Mal, wenn wir einander um Vergebung bitten für die gegen andere Christen begangenen Sünden, und jedes Mal, wenn wir den Mut haben, diese Vergebung zu gewähren und zu empfangen, machen wir eine Erfahrung der Auferstehung! Jedes Mal, wenn wir nach der Überwindung alter Vorurteile

Jedes Mal, wenn wir einander um Vergebung bitten, machen wir eine Erfahrung der Auferstehung!

den Mut haben, neue brüderliche Beziehungen zu fördern, bekennen wir, dass Christus wahrhaft auferstanden ist. Jedes Mal, wenn wir die Zukunft der Kirche von ihrer Berufung zur Einheit her bedenken, erstrahlt das Licht des Ostermorgens! Diesbezüglich möchte ich den bereits von meinen Vorgängern ausgedrückten Wunsch erneuern, einen Dialog mit allen Brüdern in Christus zu führen, um für den besonderen Dienst des Bischofs von Rom eine Form der Ausübung zu finden, die sich seiner Sendung entsprechend einer neuen Situation öffnet und im heutigen Kontext ein von allen anerkannter Dienst der Liebe und der Gemeinschaft sein kann (vgl. Johannes Paul II., Enzyklika Ut unum sint, 95-96).

Wenn Christen verschiedener Konfessionen einander in brüderlicher Liebe Hilfe leisten, verwirklicht sich Ökumene.

Während wir als Pilger an diesen heiligen Orten verweilen, wendet sich unser betendes Gedenken der gesamten Region des Nahen Ostens zu, die leider so oft von Gewalt und Konflikten gezeichnet ist. Und wir vergessen in unseren Gebeten nicht die vielen anderen Menschen, die in verschiedenen Teilen des Planeten aufgrund von Krieg, Armut und Hunger leiden, sowie die vielen Christen, die wegen ihres Glaubens an den auferstandenen Herrn verfolgt werden. Wenn Christen verschiedener Konfessionen gemeinsam zu leiden haben, die einen an der Seite der anderen, und einander in brüderlicher Liebe Hilfe leisten, verwirklicht sich eine Ökumene des Leidens, verwirklicht sich die Ökumene des Blutes, die eine besondere Wirksamkeit besitzt, nicht allein für die Zusammenhänge, in denen sie stattfindet, sondern dank der Gemeinschaft der Heiligen auch für die gesamte Kirche. Diejenigen, die aus Hass auf den Glauben die Christen töten, sie verfolgen, fragen sie nicht, ob sie Orthodoxe oder Katholiken sind: Sie sind Christen. Das christliche Blut ist dasselbe.

Schieben wir die Zaudereien, die wir von der Vergangenheit geerbt haben, beiseite.

Heiligkeit, geliebter Bruder, all ihr lieben Brüder, schieben wir die Zaudereien, die wir von der Vergangenheit geerbt haben, beiseite und öffnen wir unser Herz dem Wirken des Heiligen Geistes, dem Geist der Liebe (vgl. Röm 5,5), um gemeinsam mit raschen Schritten dem segensreichen Tag unserer wiedergefundenen vollen Gemeinschaft entgegenzugehen. Auf diesem Weg fühlen wir uns von dem Gebet unterstützt, das Jesus selbst in dieser Stadt am Vorabend seines Leidens und Sterbens und seiner Auferstehung für seine Jünger an den Vater gerichtet hat und das wir nicht müde werden, uns in Demut zu Eigen zu machen: »Alle sollen eins sein ... damit die Welt glaubt« (Joh 17,21). Und wenn die Trennung uns pessimistisch, mutlos und verzagt macht, gehen wir alle unter den Mantel der heiligen Gottesmutter. Wenn in der christlichen Seele geistliche Turbulenzen aufkommen, finden wir Frieden nur unter dem Mantel der heiligen Gottesmutter. Möge sie uns helfen auf diesem Weg.

Ökumenische Feier zum 50. Jahrestag der Begegnung von Papst Paul VI. und Patriarch Athenagoras in der Grabeskirche, Jerusalem am 25. Mai 2014

Ein Pilger, der die Welt bewegt: Der zweite Tag der Papstreise

Aus Jersualem Pater Bernd Hagenkord SJ

Die Initiative zum gemeinsamen Friedensgebet im Vatikan, zu der Papst Franziskus die Präsidenten Palästinas und Israels, Mahmud Abbas und Schimon Peres, nach der Messen in Bethlehem eingeladen hatte, wurde ganz unvermittelt das Zentrum des Tages. Spätestens nachdem auch Papstsprecher Federico Lombardi die Zusage der beiden Präsidenten zu einem solchen Gebet bestätigte, war klar, dass der Papst wieder erfolgreich eine Initiative gestartet hatte.

Israelische Medien – vor allem nationalistische – kritisieren nun den Papst, dass er seiner Reise eine politische Drehung gegeben habe. Dabei macht er nur das, was er sich vorgenommen hatte: Er pilgert. Pilgern ist aber kein Sich-aus-der-Welt-Heraushalten. Papst Franziskus hat an diesem Tag wie auch schon in Lampedusa und wie auch schon beim Gebets- und Fastentag für Syrien gezeigt, dass sein Beten und sein geistliches Handeln in der Welt stattfinden, nicht zurückgezogen von ihr.

Es war der kürzeste Programmpunkt des Tages, der in diesem Sinn das stärkste Zeichen setzte, und dabei war er noch nicht einmal vorgesehen. Als Papst Franziskus durch Bethlehem gefahren wurde, stieg er bei der Mauer ab, die Israel gegen Palästina errichtet hat, und verweilte dort umgeben von Menschen still im Gebet. Die Mauer trennt Israel von Palästina, aber dadurch verbindet sie die beiden Staaten auch in einem Konflikt. Der Papst hat dieser Trennung gedacht, er hat – davon können wir ausgehen – für deren Überwindung gebetet.

Wie schwierig das alles ist, hat der Muezzin in Bethlehem verkündet: Der Papst war schon beim Abschlusssegen der Messfeier, als laut der muslimische Gebetsruf über den Platz ertönte. Er konnte oder wollte nicht die zwei Minuten warten. Für kurze Zeit klang es, als ob die beiden Religionen gegeneinander beteten. Anders betrachtet: Vielleicht war es ja ein Zeichen, dass nur ein gemeinsames Beten helfen kann, auch wenn es zunächst dissonant klingen mag.

Der eigentliche Schwerpunkt geriet dabei fast in den Hintergrund: die ökumenische Begegnung mit Patriarch Bartholomäus. Aber auch das passt in die Dynamik des Tages: Nur geistliches Geschehen, die Überwindung von Spaltung vor 50 Jahren durch gemeinsames Gebet und eine Umarmung, bringt Wandel hervor.

Echter Dialog kann nicht geplant werden, er muss gewagt werden. Papst Franziskus hat uns heute vorgemacht, wie das geht.

Abraham als Vater im Glauben – Besuch beim Großmufti von Jerusalem

Meine Pilgerreise wäre nicht vollständig, wenn sie nicht die Begegnung mit den Menschen vorsähe.

Liebe gläubige Muslime, liebe Freunde, ich bin dankbar, Ihnen an diesem heiligen Ort begegnen zu können. Ich danke Ihnen von Herzen für die freundliche Einladung, die Sie an mich gerichtet haben, und besonders danke ich Ihnen, Exzellenz, und dem Vorsitzenden des Obersten Muslimischen Rates.

Den Fußstapfen meiner Vorgänger folgend und besonders auf der leuchtenden Spur Papst Pauls VI. bei seiner Reise vor fünfzig Jahren – der ersten eines Papstes ins Heilige Land – hatte ich den großen Wunsch, als Pilger zu kommen, um die Orte zu besuchen, die Zeugen des irdischen Daseins Jesu Christi geworden sind. Doch diese meine Pilgerreise wäre nicht vollständig, wenn sie nicht auch die Begegnung mit den Menschen und den Gemeinschaften vorsähe, die in diesem Land leben, und darum bin ich besonders froh, mit Ihnen, den gläubigen Muslimen und lieben Brüdern, zusammenzutreffen.

In diesem Moment wende ich mich in Gedanken

der Gestalt Abrahams zu, der als Pilger in diesem Land lebte. Moslems, Christen und Juden erkennen in Abraham – wenn auch auf unterschiedliche Weise – einen Vater im Glauben und ein großes Vorbild, das man nachahmen soll. Er wurde Pilger, verließ sein Volk und sein Vaterhaus, um jenes geistliche Abenteuer einzugehen, zu dem Gott ihn rief.

Ein Pilger ist ein Mensch, der die Armut auf sich nimmt, der sich auf den Weg macht, sich nach einem großen und ersehnten Ziel ausstreckt und von der Hoffnung auf eine empfangene Verheißung lebt (vgl. Hebr 11,8-19). Das war die Lage Abrahams, das müsste auch unsere geistliche Haltung sein. Wir dürfen nie meinen, uns selbst zu genügen, Herren unseres Lebens zu sein; wir dürfen uns nicht darauf beschränken, sicher und verschlossen in unseren Überzeugungen zu verharren. Vor dem Geheimnis Gottes sind wir alle arm und spüren, dass wir immer bereit sein müssen, aus uns selbst hinauszugehen, folgsam gegenüber dem Ruf, den Gott an uns richtet, und offen gegenüber der Zukunft, die er für uns aufbauen will.

Ein Pilger ist ein Mensch, der sich nach einem großen und ersehnten Ziel ausstreckt.

Auf dieser unserer irdischen Pilgerreise sind wir nicht allein: Wir kreuzen den Weg anderer Glaubender, manchmal gehen wir eine Wegstrecke mit ihnen, manchmal erleben wir gemeinsam eine stärkende Rast. So etwas stellt die heutige Begegnung dar, die mich mit besonderer Dankbarkeit erfüllt: Es ist eine willkommene gemeinsame, durch Ihre Gastfreundschaft ermöglichte Rast auf dieser Pilgerschaft unseres Lebens und unserer Gemeinschaften. Wir erleben einen brüderlichen Kontakt und Austausch, der uns stärken und uns neue Kräfte verleihen kann, um uns den gemeinsamen Herausforderungen zu stellen, die uns begegnen.

Auf unserer irdischen Pilgerreise sind wir nicht allein: Wir kreuzen den Weg anderer Glaubender.

Wir dürfen nämlich nicht vergessen, dass die Pilgerschaft Abrahams auch eine Berufung zur Gerechtigkeit war: Der Herr wollte, dass Abraham das göttliche Handeln bezeuge und nachahme. Auch wir möchten Zeugen von Gottes Handeln in der Welt sein, und deshalb vernehmen wir gerade in dieser unserer Begegnung zuinnerst den Ruf, Stifter von Frieden und Gerechtigkeit zu sein, im Gebet diese Gaben zu erflehen und von oben her Barmherzigkeit, Seelengröße und Mitgefühl zu lernen.
Liebe Brüder, liebe Freunde, von diesem heiligen Ort aus richte ich an alle Menschen und Gemeinschaften, die sich in Abraham erkennen, einen tief besorgten Aufruf:

Achten und lieben wir einander als Brüder und Schwestern!
Lernen wir, das Leid des anderen zu verstehen!

Niemand gebrauche den Namen Gottes als Rechtfertigung für Gewalt!
Arbeiten wir gemeinsam für die Gerechtigkeit und den Frieden!
Salam!

Ansprache beim Besuch des Großmufti Mohammed Hussein auf der Esplanade der Moscheen in Jerusalem am 26. Mai 2014

Mensch, wer bist du? – Besuch der Holocaust-Gedenkstätte Yad Vashem

»Adam, wo bist du?« (vgl. Gen 3,9).

Wer bist du, o Mensch, zu welchem Gräuel bist du fähig gewesen?

Wo bist du, o Mensch? Wohin bist du gekommen?
An diesem Ort, der Gedenkstätte an die Schoah, hören wir diese Frage Gottes wieder erschallen: »Adam, wo bist du?«
In dieser Frage liegt der ganze Schmerz des Vaters, der seinen Sohn verloren hat.
Der Vater kannte das Risiko der Freiheit; er wusste, dass der Sohn verlorengehen könnte ... doch vielleicht konnte nicht einmal der Vater sich einen solchen Fall, einen solchen Abgrund vorstellen!
Jener Ruf »Wo bist du?« tönt hier, angesichts der unermesslichen Tragödie des Holocaust wie eine Stimme, die sich in einem bodenlosen Abgrund verliert ...

Mensch, wer bist du? Ich erkenne dich nicht mehr.
Wer bist du, o Mensch, wer bist du geworden?
Zu welchem Gräuel bist du fähig gewesen?
Was hat dich so tief fallen lassen?

Es ist nicht die Erde vom Ackerboden, aus der du gemacht bist. Die Erde vom Ackerboden ist gut, ein Werk meiner Hände.
Es ist nicht der Lebensatem, den ich in deine Nase geblasen habe. Jener Atem kommt von mir, er ist sehr gut (vgl. Gen 2,7).
Nein, dieser Abgrund kann nicht allein dein Werk sein, ein Werk deiner Hände, deines Herzens ...

Nicht nur getötet hast du deine Brüder, sondern du hast dich zum Gott erhoben.

Wer hat dich verdorben? Wer hat dich verunstaltet?
Wer hat dich angesteckt mit der Anmaßung, dich zum Herrn über Gut und Böse zu machen?
Wer hat dich überzeugt, dass du Gott bist? Nicht nur gefoltert und getötet hast du deine Brüder, sondern du hast sie als Opfer dir selber dargebracht, denn du hast dich zum Gott erhoben.
Heute hören wir hier wieder die Stimme Gottes: »Adam, wo bist du?«
Vom Boden erhebt sich ein leises Stöhnen: Erbarme dich unser, o Herr!
Du Herr, unser Gott, bist im Recht; uns aber treibt es die Schamröte ins Gesicht, die Schande (vgl. Bar 1,15).
Ein Übel ist über uns gekommen, wie es unter dem ganzen Himmel noch nie geschehen ist (vgl. Bar 2,2). Jetzt aber, o Herr, höre unser Gebet, erhöre unser Flehen, rette uns um deiner Barmherzigkeit willen. Errette uns aus dieser Ungeheuerlichkeit.

Allmächtiger Herr, eine Seele in Ängsten schreit zu dir. Höre, Herr, erbarme dich!
Wir haben gegen dich gesündigt. Du thronst in Ewigkeit (vgl. Bar 3,1-3).
Denk an uns in deiner Barmherzigkeit. Gib uns die Gnade, uns zu schämen für das, was zu tun wir als Menschen fähig gewesen sind, uns zu schämen für diesen äußersten Götzendienst, unser Fleisch, das du aus Lehm geformt und das du mit deinem Lebensatem belebt hast, verachtet und zerstört zu haben.

Gib uns die Gnade, uns zu schämen für das, was zu tun wir fähig gewesen sind.

Niemals mehr, o Herr, niemals mehr!
»Adam, wo bist du?«
Da sind wir, Herr, mit der Scham über das, was der als dein Abbild und dir ähnlich erschaffene Mensch zu tun fähig gewesen ist.
Denk an uns in deiner Barmherzigkeit.

Besuch der Holocaust-Gedenkstätte Yad Vashem in Jerusalem am 26. Mai 2014

In Freundschaft verbunden – Höflichkeitsbesuch bei den beiden Großrabbinern von Jerusalem

Es freut mich besonders, heute bei Ihnen sein zu können: Ich danke Ihnen für den herzlichen Empfang und für die freundlichen Worte, mit denen Sie mich willkommen geheißen haben.

Wie Sie wissen, habe ich seit der Zeit, in der ich Erzbischof von Buenos Aires war, auf die Freundschaft vieler jüdischer Brüder zählen können. Heute sind hier zwei Rabbiner, die meine Freunde sind. Gemeinsam mit ihnen haben wir fruchtbare Initiativen der Begegnung und des Dialogs organisiert, und mit ihnen habe ich auch bedeutsame Momente des Miteinanders auf geistlicher Ebene erlebt. In den ersten Monaten des Pontifikats habe ich verschiedene Organisationen und Vertreter der weltweiten jüdischen Gemeinschaft empfangen können. Wie bereits für meine Vorgänger, sind diese Bitten um eine Begegnung zahlreich. Sie kommen zu den vielen Initiativen hinzu, die auf nationaler oder lokaler Ebene stattfinden, und all das beweist den beiderseitigen Wunsch, einander besser kennenzulernen, anzuhö-

Ich habe auf die Freundschaft vieler jüdischer Brüder zählen können.

ren und Verbindungen echter Brüderlichkeit aufzubauen.

Dieser Weg der Freundschaft ist eine der Früchte des Zweiten Vatikanischen Konzils, besonders der Erklärung »Nostra aetate«, die von großer Bedeutung war und deren fünfzigsten Jahrestags wir im kommenden Jahr gedenken. Tatsächlich bin ich überzeugt, dass alles, was in den letzten Jahrzehnten in den Beziehungen zwischen Juden und Katholiken geschehen ist, ein echtes Geschenk Gottes war, eines der von ihm vollbrachten Wunder; und wir sind berufen dafür seinen Namen zu loben: »Dankt dem Herrn aller Herren, denn seine Huld währt ewig! Der allein große Wunder tut, denn seine Huld währt ewig« (Ps 136,3-4).

Ich bin zuversichtlich, dass dieser Dialog eine glänzende Zukunft vor sich hat.

Ein Geschenk Gottes, das aber nicht hätte offenbar werden können ohne den Einsatz sehr vieler mutiger und großherziger Menschen, Juden wie Christen. Ich möchte hier besonders die Bedeutung erwähnen, die der Dialog zwischen dem Großrabbinat von Israel und der Kommission des Heiligen Stuhls für die religiösen Beziehungen mit dem Judentum angenommen hat. Ein Dialog, der, angeregt durch den Besuch des heiligen Papstes Johannes Pauls II. im Heiligen Land, im Jahr 2002 aufgenommen wurde und bereits sein zwölfjähriges Bestehen begeht. In Bezugnahme auf die Bar

Mizwa der jüdischen Tradition gefällt mir der Gedanke, dass dieser Dialog dem Erwachsenenalter bereits sehr nahe ist: Ich bin zuversichtlich, dass er weitergehen kann und eine glänzende Zukunft vor sich hat.

Es geht nicht nur darum, auf einer menschlichen Ebene Beziehungen gegenseitiger Achtung zu pflegen: Als Christen und als Juden sind wir berufen, uns eingehend nach der geistlichen Bedeutung des Bandes zu fragen, das uns miteinander verknüpft. Es handelt sich um eine Verbindung, die von oben kommt, die über unseren Willen hinausgeht und die unversehrt bleibt, trotz aller Beziehungsschwierigkeiten, die es in der Geschichte leider gegeben hat.

Die gegenseitige Kenntnis unseres geistlichen Erbes und die Achtung dessen, was uns trennt, können den Weg weisen.

Auf katholischer Seite besteht natürlich die Absicht, den Sinn der jüdischen Wurzeln des eigenen Glaubens voll in Betracht zu ziehen. Ich vertraue darauf, dass mit Ihrer Hilfe auch auf jüdischer Seite das Interesse für die Kenntnis des Christentums erhalten bleibt und wenn möglich zunimmt – speziell bei den jungen Generationen –, gerade in diesem gesegneten Land, in dem dieser Glaube seinen Ursprung erkennt.

Die gegenseitige Kenntnis unseres geistlichen Erbes, die Wertschätzung dessen, was wir gemeinsam haben, und die Achtung dessen, was uns trennt, können den Weg weisen für die zukünftige Weiterentwicklung unserer Beziehungen, die wir in Gottes Hand legen. Gemeinsam können wir einen wichtigen Beitrag für die Sache des Friedens leisten; gemeinsam können wir in einer in raschem Wandel begriffenen Welt die ewige Bedeutung des göttlichen Schöpfungsplans bezeugen; gemeinsam können wir entschieden jeder Form von Antisemitismus und den verschiedenen anderen Formen von Diskriminierung entgegentreten. Der Herr helfe uns, mit Zuversicht und Seelenstärke auf seinen Wegen zu gehen. Schalom!

Gemeinsam können wir jeder Form von Diskriminierung entgegentreten.

Höflichkeitsbesuch bei den beiden Großrabbinern David Lau und Jitzhak Josef im Heichal Shlomo Center bei der Großen Jerusalemer Synagoge am 26. Mai 2014

Frieden über Israel! – Höflichkeitsbesuch beim Staatspräsidenten Israels

Die heiligen Stätten sind keine Museen oder Sehenswürdigkeiten für Touristen.

Ich bin Ihnen, Herr Präsident, dankbar für den mir bereiteten Empfang sowie für Ihre freundlichen und weisen Worte zur Begrüßung und freue mich, Sie noch einmal hier in Jerusalem treffen zu können – in der Stadt, welche die heiligen Stätten beherbergt, die den drei großen Religionen teuer sind, die den Gott anbeten, der Abraham rief. Die heiligen Stätten sind keine Museen oder Sehenswürdigkeiten für Touristen, sondern Orte, an denen die Gemeinschaften der Gläubigen ihren Glauben, ihre Kultur und ihre wohltätigen Initiativen leben. Darum müssen sie ständig in ihrem sakralen Charakter geschützt werden; so wird nicht nur das Erbe der Vergangenheit bewahrt, sondern auch die Menschen, die sie heute besuchen und in Zukunft besuchen werden. Möge Jerusalem wirklich die Stadt des Friedens sein! Mögen seine Identität und seine sakrale Eigenheit, seine universale religiöse und kulturelle Bedeutung in vollem Glanz erscheinen als Schatz für die ganze Welt! Wie schön ist es, wenn die Pilger und die Bewohner freien Zugang zu den heiligen Stätten haben und an den religiösen Feiern teilnehmen können!

Herr Präsident, Sie sind als Mann des Friedens und als Friedenstifter bekannt. Ich drücke Ihnen meinen Dank und meine Bewunderung für Ihr Verhalten aus. Der Aufbau des Friedens erfordert vor allem die Achtung der Freiheit und der Würde eines jeden Menschen, von dem ja Juden, Christen und Muslime gleichermaßen glauben, dass er von Gott erschaffen und für das ewige Leben bestimmt ist. Von diesem Fixpunkt aus, den wir gemeinsam haben, ist es möglich, das Engagement für eine friedliche Lösung der Streitigkeiten und der Konflikte zu ergreifen. In diesem Zusammenhang bringe ich erneut den Wunsch zum Ausdruck, dass allerseits Initiativen und Taten vermieden werden, die dem erklärten Willen, zu einer wirklichen Übereinkunft zu gelangen, widersprechen, und dass man nicht müde wird, den Frieden mit Entschlossenheit und Kohärenz zu verfolgen.

Möge Jerusalem wirklich die Stadt des Friedens sein!

Mit Entschiedenheit muss alles verworfen werden, was sich der Verfolgung des Friedens und eines respektvollen Zusammenlebens von Juden, Christen und Muslimen entgegenstellt: Gewaltanwendung und Terrorismus, jede Art von Diskriminierung aufgrund der Rasse oder der Religion, der Anspruch, den eigenen Gesichtspunkt auf Kosten der Rechte anderer durchzusetzen, Antisemitismus in all seinen möglichen Formen sowie Gewalt oder Äußerungen von Intoleranz gegen jüdische, christliche und muslimische Personen oder Kultstätten.

Im Staat Israel leben und wirken verschiedene christliche Gemeinschaften. Sie sind ein wesentlicher Bestandteil der Gesellschaft und nehmen vollberechtigt an ihren zivilen, politischen und kulturellen Angelegenheiten teil. Die Christen möchten von ihrer eigenen Identität her ihren Beitrag zum Gemeinwohl und zum Aufbau des Friedens leisten, als vollberechtigte Bürger, die jeden Extremismus zurückweisen und sich dafür einsetzen, Urheber von Versöhnung und Eintracht zu sein.

Werden wir nicht müde, den Frieden mit Entschlossenheit zu verfolgen!

Ihre Präsenz und die Achtung ihrer Rechte – wie überdies der Rechte jeder anderen religiösen Bekenntnisgemeinschaft und jeder Minderheit – sind die Garantie eines gesunden Pluralismus und der Beweis für die Lebendigkeit der demokratischen Werte und ihrer wirklichen Verwurzelung in der Praxis und in der Konkretheit des Lebens des Staates.

Herr Präsident, Sie wissen, dass ich für Sie bete, und ich weiß, dass Sie für mich beten, und ich versichere Sie meines fortdauernden Gebetes für die Institutionen und für alle Bürger Israels. In besonderer Weise verspreche ich meine beharrliche inständige Bitte an Gott um die Erreichung des Friedens und mit ihm der damit eng verbundenen unschätzbaren Güter wie Sicherheit, ruhige Lebensführung, Wohlstand und – welches das schönste ist – Brüderlichkeit. Schließlich gehen meine Gedanken zu all denen, die unter den Folgen der im Nahen Osten noch offenen Krisen leiden, dass ihre Qualen baldmöglichst gelindert werden durch die Beilegung der Konflikte in Ehre. Frieden über Israel und im ganzen Nahen Osten! Shalom!

Die Achtung der Rechte jeder religiösen Bekenntnisgemeinschaft sind die Garantie eines gesunden Pluralismus.

Ansprache zum Höflichkeitsbesuch beim Staatspräsidenten Israels Schimon Peres im Präsidentenpalast in Jerusalem am 26. Mai 2014

Die Schwierigkeiten der Nachfolge – Begegnung mit Priestern, Ordensleuten und Seminaristen in der Gethsemanekirche

»Dann verließ Jesus die Stadt und ging ...
zum Ölberg; seine Jünger folgten ihm«(Lk 22,39).

Hier in Gethsemane wird die Nachfolge schwieriger und unsicherer.

Als die von Gott festgelegte Stunde gekommen ist, die Menschheit von der Knechtschaft der Sünde zu befreien, zieht Jesus sich hierher, nach Gethsemane, an den Fuß des Ölbergs zurück. Wir befinden uns an diesem heiligen Ort, der durch das Gebet Jesu, durch seine Angst, durch sein Blutschwitzen geheiligt ist; geheiligt vor allem durch sein »Ja« zum liebenden Willen des Vaters. Beinahe scheuen wir uns, den Gefühlen nachzuspüren, die Jesus in jener Stunde empfunden hat; gleichsam auf Zehenspitzen treten wir in jenen inneren Ort ein, wo das Drama der Welt entschieden wurde.

In jener Stunde hat Jesus das Bedürfnis gespürt, zu beten und seine Jünger, seine Freunde, die ihm gefolgt waren und seine Sendung ganz von nahem geteilt hatten, bei sich zu haben. Doch hier in Gethsemane wird die Nachfolge schwieriger und unsicherer; Zweifel, Müdigkeit und Schrecken nehmen überhand. In der sich überstürzenden Abfolge der Passion Jesu nehmen die Jünger unterschiedliche Haltungen gegenüber dem Meister ein: Haltungen der Nähe, der Entfernung, der Unsicherheit.

Erkenne ich mich in denen, die schwach waren und ihn verleugnet haben?

Uns allen – Bischöfen, Priestern, gottgeweihten Personen und Seminaristen – wird es gut tun, uns zu fragen: Wer bin ich vor dem leidenden Herrn?
Gehöre ich zu denen, die von Jesus aufgefordert sind, mit ihm zu wachen, und stattdessen einschlafen; die anstatt zu beten, versuchen zu entrinnen, indem sie die Augen vor der Realtät verschließen?
Oder erkenne ich mich in denen, die aus Angst geflohen sind und den Meister in der tragischsten Stunde seines Erdenlebens verlassen haben?
Gibt es in mir etwa die Doppelzüngigkeit, die Falschheit dessen, der Jesus für dreißig Silberlinge verkauft hat; der Freund genannt worden war und ihn trotzdem verraten hat?
Erkenne ich mich in denen, die schwach waren und ihn verleugnet haben wie Petrus? Er hatte Jesus kurz zuvor versprochen, ihm bis in den Tod zu folgen (vgl. Lk 22,33); als er dann in die Enge getrieben und von Angst überfallen wird, schwört er, ihn nicht zu kennen.

Bin ich denen ähnlich, die ihr Leben bereits ohne ihn organisierten wie die beiden Emmausjünger, die die Worte der Propheten nicht begreifen und denen es schwer fällt, an sie zu glauben (vgl. Lk 24,25)?

Oder befinde ich mich dank Gottes Gnade unter denen, die treu waren bis zum Ende, wie die Jungfrau Maria und der Apostel Johannes? Als auf Golgotha alles dunkel wird und jede Hoffnung erschöpft scheint, ist nur die Liebe stärker als der Tod. Die Liebe drängt die Mutter und den Lieblingsjünger, am Fuß des Kreuzes auszuharren, um Jesu Schmerz bis zur Neige zu teilen.

Wir spüren das Missverhältnis zwischen der Größe der Berufung und unserer Kleinheit.

Erkenne ich mich in denen, die ihren Herrn bis zum Martyrium nachgeahmt und damit bezeugt haben, wie er ihnen alles war, die unvergleichliche Kraft für ihre Sendung und der letzte Horizont ihres Lebens?

Die Freundschaft Jesu zu uns, seine Treue und seine Barmherzigkeit sind das unschätzbare Geschenk, das uns ermutigt, unseren Weg der Nachfolge vertrauensvoll fortzusetzen, auch wenn wir gefallen sind, Fehler gemacht und selbst wenn wir ihn verraten haben.

Doch diese Güte des Herrn entbindet uns nicht der Wachsamkeit gegenüber dem Versucher, der Sünde, dem Bösen und dem Verrat, die auch das Leben der Priester und der Ordensleute durchkreuzen können. Wir alle sind der Sünde, dem Bösen und dem Verrat ausgesetzt. Wir spüren das Missverhältnis zwischen der Größe der Berufung und unserer Kleinheit, zwischen der Erhabenheit der Sendung und unserer menschlichen Hinfälligkeit. Doch in seiner großen Güte und unendlichen Barmherzigkeit nimmt uns der Herr immer bei der Hand, damit wir uns nicht von der Erschütterung überfluten lassen. Er ist immer an unserer Seite, er lässt uns nie allein. Lassen wir uns also nicht von Angst und Trostlosigkeit besiegen, sondern gehen wir mutig und zuversichtlich voran auf unserem Weg und in unserer Sendung.

Stehen wir bei den vielen Kreuzen, an denen Jesus noch gekreuzigt ist.

Ihr, liebe Brüder und Schwestern, seid berufen, dem Herrn in diesem gesegneten Land voll Freude nachzufolgen! Das ist ein Geschenk und auch eine Verantwortung. Eure Präsenz hier ist sehr wichtig; die ganze Kirche ist euch dankbar und unterstützt euch mit dem Gebet. Von diesem heiligen Ort aus möchte ich außerdem einen herzlichen Gruß an alle Christen von Jerusalem richten: Ich möchte ihnen versichern, dass ich mit Liebe an sie denke und für sie bete, da ich sehr wohl um die Schwierigkeit ihres Lebens in der Stadt weiß. Ich ermuntere sie, mutige Zeugen der Passion des Herrn zu sein, aber auch seine Auferstehung zu bezeugen, mit Freude und Hoffnung.

Tun wir es der Jungfrau Maria und dem heiligen Johannes gleich und stehen wir bei den vielen Kreuzen, an denen Jesus noch gekreuzigt ist. Das ist der Weg, auf dem unser Erlöser uns in seine Nachfolge ruft. Einen anderen gibt es nicht, es ist dieser!

»Wenn einer mir dienen will, folge er mir nach; und wo ich bin, dort wird auch mein Diener sein«(Joh 12,26).

Begegnung mit Priestern, Ordensleuten und Seminaristen in der Gethsemanekirche neben dem Garten Gethsemane in Jerusalem am 26. Mai 2014

Der Horizont des Abendmahlssaals – Heilige Messe im Abendmahlssaal in Jerusalem

Es ist ein großes Geschenk, das der Herr uns macht, uns hier im Abendmahlssaal zu versammeln, um Eucharistie zu feiern. Während ich euch in brüderlicher Freude begrüße, möchte ich ein herzliches Wort an die Patriarchen der katholischen Ostkirchen richten, die in diesen Tagen an meiner Pilgerschaft teilgenommen haben. Ich möchte ihnen danken für ihre bedeutungsvolle Präsenz, die mir besonders kostbar ist, und versichere dass sie einen speziellen Platz in meinem Herzen und in meinem Gebet haben. Hier, wo Jesus mit den Aposteln das Letzte Abendmahl einnahm, wo er, auferstanden, in ihrer Mitte erschien, wo der Heilige Geist mit Macht auf Maria und die Jünger herabkam, hier ist die Kirche geboren, und sie ist im Aufbruch geboren. Von hier ist sie ausgegangen, das gebrochene Brot in den Händen, die Wunden Jesu vor Augen und den Geist der Liebe im Herzen. Vom Vater gesandt, übertrug der auferstandene Jesus im Abendmahlssaal den Aposteln seinen eigenen Geist, und mit seiner Kraft sandte er sie aus,

Hier ist die Kirche geboren, und sie ist im Aufbruch geboren.

das Antlitz der Erde zu erneuern (vgl. Ps 104,30). Hinausgehen, aufbrechen heißt nicht vergessen. Die Kirche im Aufbruch bewahrt das Gedächtnis dessen, was hier geschehen ist; der Heilige Geist erinnert sie an jedes Wort, an jede Geste und offenbart deren Sinn.

Das ist die schönste Erfahrung des Christen: Freund Jesu zu werden.

Der Abendmahlssaal erinnert uns an den Dienst, an die Fußwaschung, die Jesus vorgenommen hat, als Beispiel für seine Jünger. Einander die Füße waschen bedeutet einander annehmen, akzeptieren, lieben, einander dienen. Das heißt, dem Armen, dem Kranken, dem Ausgeschlossenen zu dienen, dem, der mir unsympathisch ist, dem, der mir lästig fällt.

Der Abendmahlssaal erinnert uns mit der Eucharistie an das Opfer. In jeder Eucharistiefeier bringt Jesus sich für uns dem Vater dar, damit auch wir uns mit ihm verbinden können, indem wir Gott unser Leben, unsere Arbeit, unsere Freuden und unsere Leiden darbringen ..., alles als ein Opfer im Geiste darbringen.

Und der Abendmahlssaal erinnert uns auch an die Freundschaft. »Ich nenne euch nicht mehr Knechte«, sagte Jesus zu den Zwölf, »... vielmehr habe ich euch Freunde genannt« (Joh 15,15). Der Herr macht uns zu seinen Freunden, er weiht uns in den Willen des Vaters ein und schenkt uns sich selbst. Das ist die schönste Erfahrung des Christen und in besonderer Weise des Priesters: Freund Jesu, des Herrn, zu werden und im Herzen zu entdecken, dass Er Freund ist.

Der Abendmahlssaal erinnert uns an den Abschied des Meisters und an die Verheißung, wieder mit seinen Freunden zusammenzukommen: »Wenn ich gegangen bin, ... komme ich wieder und werde euch zu mir holen, damit auch ihr dort seid, wo ich bin« (Joh 14,3). Jesus trennt sich nicht von uns, er verlässt uns nie, er geht uns voran in das Haus des Vaters, und dorthin will er uns mitnehmen.

Der Abendmahlssaal erinnert uns an das Miteinander-Teilen, an die Brüderlichkeit.

Aber der Abendmahlssaal erinnert uns auch an die Kleinlichkeit, an die Neugier – »Wer ist der Verräter?«– an den Verrat. Und jeder von uns, nicht immer nur die anderen, kann diese Verhaltensweisen annehmen, wenn wir selbstgefällig auf den Bruder schauen, ihn verurteilen; wenn wir mit unseren Sünden Jesus verraten.

Der Abendmahlssaal erinnert uns an das Miteinander-Teilen, an die Brüderlichkeit, an die Harmonie, an den Frieden unter uns. Wie viel Liebe, wie viel Gutes ist aus dem Abendmahlssaal hervorgegangen! Wie viel Nächstenliebe ist von hier ausgegangen, wie ein Fluss aus der Quelle, der anfangs ein Bach ist und dann anschwillt und groß wird ... Alle Heiligen haben hier aus dieser Quelle geschöpft; der große Strom der Heiligkeit der Kirche nimmt immer von hier aus seinen Anfang, immer neu, vom Herzen Jesu, von der Eucharistie, von seinem Heiligen Geist her.

Schließlich erinnert uns der Abendmahlssaal an die Geburt der neuen Familie, der Kirche, unserer heiligen Mutter Kirche, die hierarchisch ist und vom auferstandenen Jesus gegründet wurde. Eine Familie, die eine Mutter hat, die Jungfrau Maria. Die christlichen Familien gehören zu dieser großen Familie, und in ihr finden sie Licht und Kraft, um durch die Mühen und Prüfungen des Lebens hindurch voranzugehen und sich zu erneuern. In diese große Familie sind alle Kinder Gottes aus allen Völkern und Sprachen eingeladen – alle Geschwister und Kinder des einen Vaters im Himmel.

In diese große Familie sind alle Kinder Gottes eingeladen.

Das ist der Horizont des Abendmahlssaals: der Horizont des Auferstandenen und der Kirche.

Von hier geht die Kirche im Aufbruch aus, belebt vom Lebenshauch des Geistes. Indem sie zusammen mit der Mutter Jesu im Gebet verharrt, lebt sie immer wieder in der Erwartung einer erneuten Ausgießung des Heiligen Geistes: Dein Geist, o Herr, komme herab und erneuere das Antlitz der Erde (vgl. Ps 104,30)!

Heilige Messe mit den Ordinarien des Heiligen Landes und dem Päpstlichen Gefolge im Abendmahlssaal in Jerusalem am 26. Mai 2014

Der Ablauf der Reise im Überblick

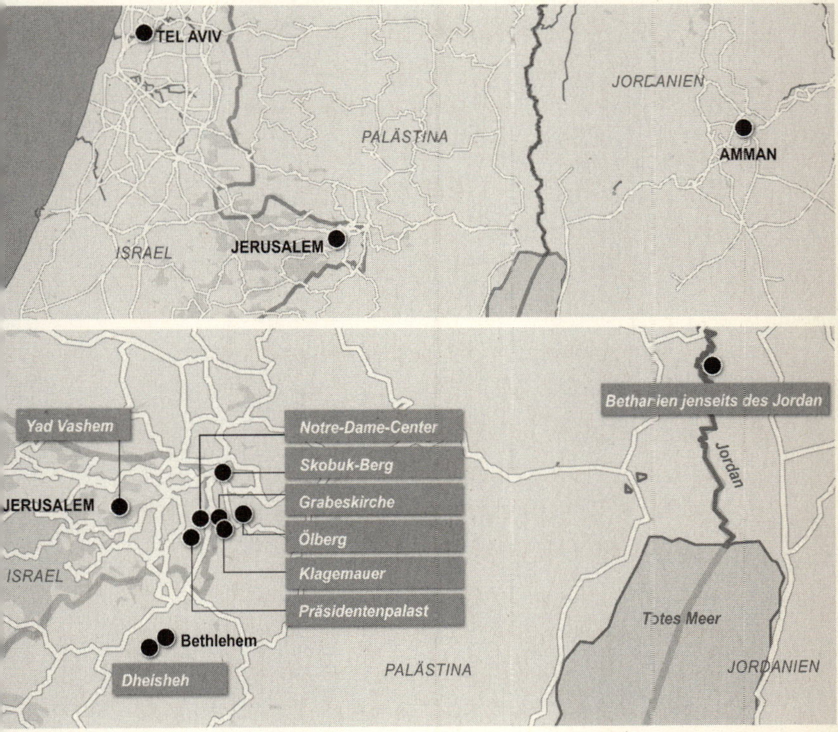

Samstag, 24. Mai 2014

08:15 Abflug nach Amman vom Flughafen Rom-Fiumicino
Auf seiner Reise begleiten Papst Franziskus unter anderem zwei alte Freunde aus Buenos Aires: der Rabbiner Abraham Skorka und der Islamgelehrte Omar Abboud.

13:00 Landung auf dem Internationalen Flughafen Amman-Queen Alia

13:45 Willkommenszeremonie im prächtigen Empfangssaal des Königspalastes Al-Husseini von Amman
Höflichkeitsbesuch beim jordanischen Königspaar

14:20 Begegnung mit den Behördenvertretern des Königreichs Jordanien
Ansprache des Heiligen Vaters

16:00 Heilige Messe im Internationalen Stadion von Amman
Predigt des Heiligen Vaters
1.400 Kinder feierten beim Gottesdienst in Amman ihre Erstkommunion.

19:00 Besuch der Taufstelle Jesu in »Bethanien jenseits des Jordans«
Papst Franziskus verharrt einige Minuten im stillen Gebet an der Stelle, wo nach der örtlichen Tradition Jesus von Johannes getauft wurde.

19:15 Begegnung mit etwa 600 Flüchtlingen und jungen Menschen mit Behinderung in der lateinischen Kirche in »Bethanien jenseits des Jordans«
Bei seiner Ansprache richtet Papst Franziskus einen Appell gegen den Waffenhandel an die internationale Gemeinschaft.

Sonntag, 25. Mai 2014

08:15 Abschied von Jordanien auf dem Internationalen Flughafen Amman-Queen Alia
08:30 Abflug im Hubschrauber vom Internationalen Flughafen Amman-Queen Alia nach Bethlehem
09:20 Landung auf dem Heliport in Bethlehem
09:30 Willkommenszeremonie im Präsidentenpalast in Bethlehem
Höflichkeitsbesuch beim Präsidenten des Staates Palästina
10:00 Begegnung mit den palästinensischen Behördenvertretern
Ansprache des Heiligen Vaters
Auf dem Weg zum Krippenplatz verlässt Papst Franziskus spontan seinen Wagen, um an einer mit Stacheldraht bewehrten Mauer, die Israel von den Palästinensergebieten trennt, still zu beten.

11:00	Heilige Messe auf dem Krippenplatz in Bethlehem Predigt des Heiligen Vaters An der Open-air-Messe nehmen etwa 9.000 Gläubige teil. Das Altarbild wurde von einem palästinensischen Künstler gestaltet. Es zeigt die Päpste Paul VI., Johannes Paul II. und Benedikt XVI., die dem Jesuskind in der Krippe huldigen. Gebet des Regina Coeli Bei seiner Ansprache lädt Papst Franziskus den Palästinenserpräsidenten Mahmud Abbas und den israelischen Staatspräsidenten Schimon Peres in den Vatikan ein, um gemeinsam mit ihm für den Frieden zu beten. Beide nehmen die Einladung an.
13:30	Mittagessen mit Familien aus Palästina im Franziskaner-Kloster »Casa Nova«in Bethlehem
15:00	Privater Besuch der Geburtsgrotte in Bethlehem
15:20	Begrüßung der Kinder in den Flüchtlingslagern von Dheische, Aida und Beit Dschibrin im Phoenix Center des Flüchtlingslagers von Dheische
15:45	Abschied vom Staat Palästina auf dem Bethlehemer Heliport
16:00	Abflug vom Bethlehemer Heliport zum Internationalen Flughafen Tel Aviv-Ben Gurion

16:30 Willkommenszeremonie auf dem Internationalen Flughafen Tel Aviv-Ben Gurion
Ansprache des Heiligen Vaters

17:15 Abflug im Hubschrauber nach Jerusalem

17:45 Landung auf dem Jerusalemer Heliport auf dem Scopus-Berg
8.000 Soldaten sorgen in Jerusalem für die Sicherheit von Papst Franziskus.

18:15 Private Begegnung mit dem Ökumenischen Patriarchen von Konstantinopel in der Apostolischen Delegation von Jerusalem
Unterzeichnung einer gemeinsamen Erklärung

19:00 Ökumenische Feier zum 50. Jahrestag der Begegnung von Papst Paul VI. und Patriarch Athenagoras in der Grabeskirche
Ansprache des Heiligen Vaters
An Feier und Gebet nahmen Vertreter von etwa einem Dutzend verschiedener christlicher Kirchen teil, darunter Katholiken, Orthodoxe, Armenier, Lutheraner und Anglikaner.
Gemeinsam mit Patriarch Bartholomäus betet Papst Franziskus im Heiligen Grab und auf dem Golgotha-Felsen. Sie betreten die Kirche durch unterschiedliche Eingänge, treffen sich in der Mitte und umarmen einander. Am Ende verlassen sie die Kirche gemeinsam.

20:15 Abendessen mit den Patriarchen, den Bischöfen und mit dem Päpstlichen Gefolge am Sitz des Lateinischen Patriarchats von Jerusalem

Montag, 26. Mai 2014

08:15 Besuch beim Großmufti von Jerusalem am Sitz des Großen Rats auf der Esplanade der Moscheen
Ansprache des Heiligen Vaters

09:10 Besuch der Klagemauer in Jerusalem
Nach jüdischem Brauch steckt Papst Franziskus einen Gebetszettel in eine Ritze der Klagemauer. Darauf hatte er zuvor handschriftlich das Vaterunser auf Spanisch, seiner Muttersprache, geschrieben.
In einer symbolischen Geste der drei Religionen umarmt Papst Franziskus an der Klagemauer seine beiden Reisebegleiter aus Argentinien: den Rabbiner Abraham Skorka und den Islamgelehrten Omar Abboud.

09:45 Niederlegung von Blumen auf dem Herzl-Berg in Jerusalem
Als erster Papst legt Franziskus einen Kranz am Grab von Theodor Herzl, dem Begründer des modernen Zionismus, nie-

der. Abweichend vom offiziellen Besuchsprogramm besichtigt er außerdem ein Denkmal für israelische Terroropfer.

10:00 Besuch der Holocaust-Gedenkstätte Yad Vashem in Jerusalem
Ansprache des Heiligen Vaters
Papst Franziskus spricht außerdem mit sechs Holocaust-Überlebenden und küsst ihnen die Hände.

10:45 Höflichkeitsbesuch bei den beiden Großrabbinern im Heichal Shlomo Center bei der Großen Jerusalemer Synagoge
Ansprache des Heiligen Vaters

11:45 Höflichkeitsbesuch beim Staatspräsidenten Israels Schimon Peres im Präsidentenpalast in Jerusalem
Ansprache des Heiligen Vaters
Gemeinsam pflanzen Papst Franziskus und Schimon Peres im Garten des Präsidentensitzes einen Olivenbaum als Zeichen des Friedens.

13:00 Privataudienz für den Ministerpräsidenten Israels im Notre-Dame-Center Jerusalem

13:30 Mittagessen mit der Franziskanergemeinschaft im Sankt-Salvator-Konvent innerhalb der Altstadtmauer
Ursprünglich war ein Mittagessen mit dem Päpstlichen Gefolge im Notre-Dame-Center Jerusalem geplant. Diesen Plan ändert

der Papst spontan. Für die Franziskaner kommt der Besuch so überraschend, dass die Küche nicht mehr rechtzeitig über seinen Besuch informiert werden kann. Über den Speiseplan wurde nichts bekannt.

15:30 Privater Besuch beim Ökumenischen Patriarchen von Konstantinopel im Gebäude gegenüber der orthodoxen Kirche Viri Galilaei auf dem Ölberg

16:00 Begegnung mit Priestern, Ordensleuten und Seminaristen in der Gethsemanekirche neben dem Garten Gethsemane
Ansprache des Heiligen Vaters
Franziskus trägt bei der Andacht in der Kirche am Ölberg eine rote Stola, die 1964 schon Paul VI. bei seiner Reise ins Heilige Land benutzt hatte. Nach dem Gottesdienst pflanzt er einen Ölbaum neben jenen, den Paul VI. vor 50 Jahren gesetzt hatte.

17:20 Heilige Messe mit den Ordinarien des Heiligen Landes und dem Päpstlichen Gefolge im Abendmahlssaal zu Jerusalem
Predigt des Heiligen Vaters

19:30 Transfer im Hubschrauber vom Heliport auf dem Jerusalemer Scopus-Berg zum Internationalen Flughafen Tel Aviv-Ben Gurion

20:00 Abschied vom Staat Israel auf dem Internationalen Flughafen Tel Aviv-Ben Gurion

20:15 Abflug vom Internationalen Flughafen Tel Aviv-Ben Gurion nach Rom-Ciampino

Beim Rückflug äußerte sich Papst Franziskus in einer etwa 40-minütigen Pressekonferenz zu dem geplanten gemeinsamen Friedensgebet mit Schimon Peres und Mahmud Abbas, zum Missbrauchsskandal, dem Zölibat, der Möglichkeit von zukünftigen Papst-Rücktritten und anderen aktuellen Themen.

23:00 Landung auf dem Flughafen Rom-Ciampino